제3정치경제론에
대하여

제3정치경제론에
대하여

기득권 카르텔에 좌우는 없다

초판 1쇄 발행   2021년 2월 26일

지은이   이수봉
펴낸이   최용범

펴낸곳   **페이퍼로드**
             paperroad
출판등록   제10 – 2427호(2002년 8월 7일)
주소   서울시 동작구 보라매로5가길 7 1322호
이메일   book@paperroad.net
페이스북   www.facebook.com/paperroadbook
전화   (02)326 – 0328
팩스   (02)335 – 0334
ISBN   979-11-90475-45-7 (03340)

제3정치경제론에
대하여

기득권 카르텔에 좌우는 없다

이수봉 지음

차례

진짜 싸워야 할 대상은 누구인가?

결론부터 먼저 말하겠다. 보수세력이 말하는 문재인 정권 심판론은 한마디로 허무개그의 일종이다. 이유는 '똥 묻은 개가 겨 묻은 개 나무라는' 격이기 때문이다. 지금 국민이 할 일은 두 마리 개의 실제 주인인 '기득권 담합 세력'들을 몰아내는 것이다.

요즘 반문이 꽤 인기다. 공격할 소재도 많다. 코로나 백신도 제때 못 구했고 자영업자들을 포함해 경제적 약자들도 생활고로 힘들어서 화풀이할 대상이 필요하다. 그래서 이런 시기에 문재인 정권을 비판하는 일은 상당히 오래갈 조짐이다. 물론 나도 문재인 정권에 매우 비판적이다. 아니 처음부터 이럴 줄 알았다는 입장이다.

내가 문재인 정권에 비판적인 것은 매우 오래되었다. 김대중 정권과 노무현 정권 시절 나는 민주노총 핵심 간부로서 일하고 있었기 때문에 항상 각을 세우는 처지였다. 노무현 정권은 말은 개혁이요 진보요 했지만, 실제 행동은 달랐다. 깃발은 개혁 깃발이었지만 실제 내용은 시장 만능주의에 빠져 있었다. 당시 IMF사태가 터지면서 운동권은 당황하고 지리멸렬한 상태에서 내심 신자유주의를 진보의 대안적 사상으로 여기는 조류도 있었다.

2002년 노무현 정부가 등장하고 처음 민주노총 대변인 자격으로 청와대에 초청받아 방문했을 때, 노무현 대통령이 '이수봉 대변인님, 왜 표정이 그렇게 굳어있습니까?' 하고 나에게 웃으면서 물었다. 사실 편치 않았던 것은 과거 민주화운동의 동지였다가 이제 정권을 잡은 대통령과 그 반대편에서 싸울 수밖에 없는 노동계의 대표로 만났기 때문이기도 하지만, 이미 노무현 정권 아래에서 노사관계가 점점 악화할 수밖에 없는 분위기를 감지하고 있었기 때문이다.

그 당시 비서실장이 지금의 문재인 대통령이다. 철도 파업을 계기로 노무현 정권 아래에서 노사관계는 점점 악화되어 갔고 노동개혁과제는 당사자 모두 진정성 없는 조직 논리로 강 대 강 대결만 지속했다.

물론 노동계 자체에도 내부혁신의 과제가 심각하게 있었지만, 자신의 개혁은 벽에 부닥쳐 있었고 정부는 그런 상황을 오히려 적당히 즐기고 있었다. 한국노총과 민주노총을 서로 견제시키면서 이이제이(以夷制夷) 방식으로 통제하고 이용하려고만 했지 노사정책을 새로운 혁신 과제로 진지하게 설정하지는 않았다. 그 중심에 문재인 당시 비서실장의 한계도 분명히 존재했다고 생각한다. 정권을 잡은 자들은 무한책임을 져야 하기에 이런 비판을 감수할 수밖에 없다.

사실 지금 생각해보면 정권의 입장에서 자신을 지지해주었던 세력들에게 쓴소리하고 개혁을 강요하기는 어려웠다. 더구나 정권 차원에서 노동조합운동에 어떤 방향성을 제시할만한 노동전문가가 있었던 것도 아니고 다들 제 앞가림하기 바빴다. 이 것은 지금 문재인 정권도 마찬가지다.

존재가치론에 대한
고민의 시작

그러나 처음부터 그런 것은 아니었다. 분명히 노무현 정권 초기는 비교적 순수한 데가 있었다. 그런데 도대체 왜 청와대만 들어가면……. 그리고 고위 관료나 국회의원만 되면 이상한 헛소리를 하게 되는가라는 의문을 가지게 되었다.

사실 내가 2008년 민주노총 연구원장 시절 한국에서 최초로 기본소득론을 제기하면서 쓴 책이 『즉각적이고 무조건적인 기본소득을 위하여』이다. 이 책을 쓴 동기가 바로 그런 의문들에 대한 답을 찾고자 하는 것이었다.

　당시 정부의 노동정책과 복지정책에 하도 실망해서 매일같이 정책담당자들과 싸웠다. 노동부 관료들이나 복지공무원들이 보수적인 것은 이해한다고 하더라도 정무적 판단을 해야 하는 청와대 간부들도 노골적인 시장 만능론에 빠져 있었다. 도대체 왜 민주화운동을 했다는 사람들까지 이렇게 정권을 잡으면 반노동적 태도를 취하게 되는가 하고 의아했다.

　당시에는 이들 운동권세력의 철학 부재를 시장에 포섭된 결과로 판단했다. 어느 시인의 말대로 '서른 잔치는 끝났다'. 당시 운동권세력의 철학적 기초인 노동가치설이 '무노동 무임금'이라는 구호를 만들어냈고 동시에 일자리에서 밀려난 잉여노동에 대해서는 잔여적 복지제공에 만족하는 심리적 상태에 머물게 했다. 당연히 기업을 하는 사람들 처지에서 볼 때는 생존의 문제이기 때문에 임금 삭감에 적극적일 수밖에 없고 대기업들은 하청이나 비정규직을 늘리는 전략을 사용할 수밖에 없다.

　그러나 국가는? 국가는 어떤 역할을 하고 어떤 새로운 국정철학으로 노사관계를 이동시켜야 하는가에 대한 진지한 철학적 기초가 없었다. 말하자면 민주화운동세력의 한계이기도 한데 민주와 자유를 위해 싸워왔지만, 그것을 사회에서 어떻게 구현해 내는가에 대한 과학적 개념은 발전시키지 못하고 시장경제 논리에 굴복해버린 것이었다.

이제 민주 정부가 들어섰으니 내가 할 일은 다 했다. 이런 생각으로 민주화 세력들은 영구혁명론적 투사에서 평범한 소시민의 일상으로 돌아갔다. 스스로 이념적으로 실천적으로 무장해제하며 뿔뿔이 흩어져 버렸다. 그러나 이 사회가 그리 단순한 사회가 아니었고 민주화 세대가 놓쳐버린 더 큰 핵심적 문제들은 회심의 미소를 짓고 자신들의 아성을 새롭게 쌓아가고 있었다.

나는 1983년 민주화 투쟁으로 옥고를 치르고 1985년 인천에서 노동현장에 투신했다. 민주노총이 만들어지고 노동운동을 열심히 하던 1995년 즈음 이미 나는 노동운동 자체가 서서히 기득권계층으로 관료화되어가는 것을 몸으로 느끼고 있었다. 형식적인 노동가요들, 관성화된 투쟁양식……, 사회개혁요구는 일종의 장식물이고 결국 단위 기업별 노조의 임금 극대화만이 노동운동의 성과로 남게 되는 것들……, 거기서 오는 무력감과 절망감. 사회를 진정 바꾸겠다고 노동현장에 투신한 사람이 서서히 노동관료가 되어가는 모습을 보면서 발버둥을 쳤다. 그것은 노동계 내부의 씁쓸한 자화상이기도 했지만 동시에 민주화 투쟁의 성과로서 만들어진 소위 국민의 정부, 참여정부 역시 마찬가지였다. 나는 정말 슬펐다. 이게 아닌데 도대체 왜 이렇게 되어가는 것일까?

그래서 정리한 책이 『즉각적이고 무조건적인 기본소득을 위하여』였다. 책의 핵심 골자는 '노동의 가치가 아니라 존재의 가치'를 주장한 것이었다. 지금은 기본소득론이 대유행이지만, 그 당시만 하더라도 나는 몽상가라는 비난에 시달려야 했다.

기본소득론을 펴내게 된 첫 번째 이유는 바로 당시 시대를 끌고 가던 민주화운동세대들의 철학적 한계가 더는 시대를 끌고 가지 못한다는 문제의식이었다. 처음 펴낸 지 10년이 지난 지금 생각해보면 당시 민주화운동세력에 철학 부재 그 이상의 것이 존재한다는 점을 간과했다. 그것은 목숨을 던져서 시대 가치를 수호하고자 했던 민주화운동세력의 본류가 시대전망을 개척해내지 못하고 흩어져 버렸고 그 본류가 아닌 아류 세력이 정권을 장악했기 때문에 생긴 필연적 문제였다.

민주화운동 과정에서 실제 희생해온 사람들은 지금 문제인 정권의 핵심에 있지 않다. 그들은 아직도 강남의 외곽에서, 멀리 지방에서 불안한 노후에도 불구하고 나라를 걱정하고 있다. 그들은 부동산 재테크나 증권투자에도 심리적 거부감을 느끼며 그냥 성실히 일하고 정치적 올바름을 유지하면

12

좋은 나라가 되겠거니 하고 민주 정부를 믿고 따라준 사람들이다. 한마디로 '순진한 사람들'이며 오해를 피하기 위해 분명히 말하면 정치적 의미에서 이것은 칭찬이 아니다.

그러나 지금 그들은 좌절하고 실망하고 배신감을 느끼고 있다. 이 정부가 과연 우리가 그토록 피 흘리면서 지켜온 민주적 가치에 부응하는 정부인가? 문재인이 우리와 같은 가치를 공유하는 인물인가? 조국이나 김경수 같은 인사에 우리 민주화운동의 정신을 맡겨놓는 것이 과연 타당했는가? 어쩌면 전망을 상실한 권력의지 없는 민주화 세력들의 무책임이 초래한 역사적 결과가 지금 아닐까? 사랑도 명예도 이름도 남김없이 한평생 나가자는 뜨거운 맹세가 결국 가사 그대로 동지는 간 데 없고 깃발만 나부끼는 지금의 황망한 문재인 정권을 만든 것 아닐까?

민주화운동에 인생을 갈아 넣은 노(老) 투사들은 지금도 청와대 앞에서 오체투지를 하고, 인천시청에서는 민주당 출신의 박남춘 시장을 상대로 참여 예산 도둑질을 막아달라고 이 추운 바닥에서 농성해야 했다. 이것이 한국 민주화운동세력이 처한 현재 모습이다. 민주화운동세력이 시대정신을 발전시켜내지 못하고 시장경제주의에 포섭된 결과였다. 감옥 가고 거리에서 싸워온 민주투사들은 일상으로 돌아가고 그 경력으로 일부는 국회의원 배지를 달았지만, 정권의 헤게모니는 투사들이 아니라 스펙을 쌓고 고시 공부를 하고 교수가 된 인물들이 쥐게 되었다. 다시 말해 본류는 흩어졌고 아류들이 집권세력이 되었다. 보수언론에서 주로 문재인 정권을 비판하면서 운동권세력이라고 규정하는 것은 따라서 현실을 모르거나 아니면 의도적인 왜곡이다. 그리고 이것은 민주화 운동세대들이 너무 일찍 '잔칫상을 끝내버렸기' 때문이다. 서른 살이라니!

두 번째로 놓친 것은 이것이 문재인 정권만의 문제가 아니라는 점이다. 다시 말해 문재인이 아닌 레닌이 집권해도 혁신 주체 세력이 준비되지 않는 이상 기존의 기득권 동맹구조, 관료적 저항 세력들의 저항을 분쇄하고 근본적 개혁을 실현해 내는 일은 불가능하다는 것이다. 더구나 이제는 일종의 강력한 이해관계 동맹까지도 형성되었다.

지금 민주당의 당 대표인 이낙연 전 국무총리가 과연 개혁할 수 있는 인물인가? 옵티머스의 비자금 저수지라고 알려진 트러스트올과의 관계까지 고려한다면 이미 기득권 담합세력의 영향력은 여야를 가리지 않고 확대되고 있다고 봐야한다.

문제는 이것만이 아니다. 사실은 더 심각한 것이 기득권 동맹에 포획된 기득권층이 점점 늘어나고 있다는 것이다. 고위 공무원이나 신의 직장에 다니는 공공부문 종사자들의 평균 연봉은 거의 7000만 원 이상이다. 그뿐인가? 서울 지역 아파트 가격은 약 700조 원이 올랐고 서울 전체 부동산 가격이 1500조 원 상승했다. 문재인 정부 출범 후 30개월간 서울 아파트 가격이 평균 4억 원 상승했다. 강남권은 6억 원 올랐다. 전국의 땅값과 건물에서 전체적으로 2500조 원의 불로소득이 발생했다. 말하자면 한 달에 2000만 원씩 호주머니에 찔러주는 이런 정권에 땅이나 집 가진 소위 강남 부자들이 굳이 반대할 이유가 있을까?

더 기막힌 것은 이런 계층들이 강남좌파라는 브랜드를 갖고 개념 진보인 척하고 있다는 것이다. 다시 말해 실리도 챙기고 개념 있는 진보라는 명분도 챙기는 선택을 굳이 마다할 이유가 없는 계층들이 지금 민주당을 지탱하는 남은 토대이다.

그러나 이 토대는 매우 취약하다. 그래서 더 무리하게 조국 수호나 검찰개혁 등 진영논리와 동시에 상대를 악으로 규정하는 이분법에 집착하게 된다. 이건 겨 묻은 개가 자기 치부를 감추려고 똥 묻은 개를 향해 더 크게 짖는 것과 유사한 심리상태이다.

내가 반문 전선이 지금 한국 정치에서 나쁜 구호라고 하는 이유는 바로 이런 구호가 문재인 정권을, 즉 가짜 진보를 오히려 강화해주는 결과를 초래할 뿐 아니라 동시에 해결해야

〈표1〉 나라별 상위 1%, 10% 개인순재산(net personal wealth) 비중(단위: %)

	중국		인도		한국		남아공		영국		미국		프랑스		러시아	
	1%	10%	1%	10%	1%	10%	1%	10%	1%	10%	1%	10%	1%	10%	1%	10%
2010년	30.5	62.8			25.2	66.6	57.3	90.2			33.3	70.9	23.5	55.9	34.3	66
2011년	27.9	66.7			23.2	62.3	57	89.8			34.4	71.7	23	55.1	36	68.3
2012년	27.3	66.5	30.7	62.8	26.9	67.2	57.2	88.9	19.9	51.9	35.7	72.6	22.3	54.5	35.5	67.9
2013년	27.3	66.6			25	65.7	56.3	87.9			35.3	72.9	22.9	54.9	35.5	67.9
2014년	27.8	66.7					54.5	86.8			35.9	72.9	23.4	55.3	36.9	68.5
2015년	29.6	67.4					55	86.9			36	72.7			42.6	71.3
2016년							53.5	86.7			35.7	72.2				
2017년							54.7	85.6			35.1	70.8				
2018년											34.9	70.7				
2019년											34.9	70.7				

*세계불평등데이터베이스(WID: https://wid.world/data/)

16

〈표2〉 나라별 상위 10% 세전 국민소득(NI) 대비 비중(단위: %)

	미국	영국	대만	스위스	스웨덴	스페인	싱가포르	카타르	포르투갈	노르웨이	뉴질랜드	네델란드	룩셈부르크	쿠웨이트	한국	일본	이탈리아	아일랜드	인도	독일	프랑스	핀란드	덴마크	중국	칠레	캐나다	브라질	벨기에	오스트리아	호주
2010년	45.8	34.3	36.4	34.1	31.0	33.6	39.6	66.3	37.2	31.3	29.0	27.7	36.3	67.9	43.0	41.6	30.5	32.2	52.2	35.6	32.6	31.9	30.5	42.6	55.5	41.4	55.2	31.2	32.4	29.9
2011년	46.0	36.3	37.6	33.1	30.1	33.2	41.9	66.7	37.5	31.7	30.4	27.9	35.1	63.5	43.1		30.8	31.4	54.1	35.7	33.2	31.5	30.6	42.9	53.7		56.5	30.2	32.0	29.8
2012년	47.2	35.9	38.2	31.8	29.7	33.2	41.8	67.1	36.7	31.8	32.1	27.7	33.8	64.1	42.7		30.7	31.2	55.0	36.2	32.2	30.9	30.8	41.5	53.3		55.4	31.0	31.3	31.0
2013년	46.6	37.5	36.4	32.0	29.4	33.7	42.5	67.5	37.1	31.3	30.8	27.8	33.1	64.3	42.6		30.5	31.4	55.2	36.3	32.6	30.5	32.0	42.1	53.0		54.9	30.8	31.1	31.8
2014년	47.4	35.3		31.9	29.4	33.6	43.8	67.9	37.2	31.1	31.5	28.0	32.5	64.5	42.7		30.6	32.8	56.1	36.6	32.6	31.2	32.5	41.3	54.1		54.6	30.7	30.5	31.7
2015년	47.3	34.2		32.0	30.2	33.9		68.2	36.6	29.8	32.0	28.0	33.6	64.5	43.1		30.6	34.0	56.1	36.7	33.1	32.2	32.0	41.4	54.9		55.6	30.6	30.5	31.9
2016년	46.7	34.6		31.3	29.2	34.5		68.2	37.1	29.6	31.4	27.8	33.8	64.5	43.3		31.7	35.0		36.8	33.0	32.8	31.8					31.1	31.6	31.9
2017년	46.8	35.5		31.3	29.8	35.0			37.1	30.1	32.1	28.1	34.7				31.9	34.0		36.8	33.0	33.1	31.0					31.4	31.7	
2018년	46.8																													
2019년	46.8																													

*세계불평등데이터베이스(WID: https://wid.world/data/)

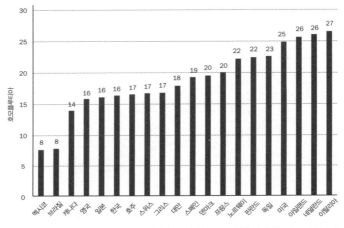

〈그래프1〉 2013~2015년 노동소득 상위 10%이자
자본소득 상위 10%에 속하는 나라별 호모플루티아 비중 (단위:%)

*출처: 『자본주의 홀로 — 세계를 통치하는 시스템의 미래,
(Capitalism, Alone – The Future of the System That Rules the World)』

할 근본 과제 즉 기득권 담합 세력이라는 암세포를 키워주기
때문이다.

잠시 눈길을 멈추고 〈표1〉과 〈표2〉를 봐주시기 바란다. 프
랑스의 토마 피케티, 한국의 김낙년 교수 등이 참여한 '세계
불평등데이터베이스'(WID) 연구 결과를 온전히 요약한 표다.
대한민국이 상위 10%의 나라로 변화한 과정을 잘 보여준다.
특히 상위 2~10%의 핵심 실체가 근로자 평균 임금의 두 배
를 누리는 안락한 공무원·공공부문 종사자, 부동산 불로소
득에 허우적대는 강남좌파 등임을 짐작할 수 있게 해준다.

2010~2013년 최상위 1%의 개인 순재산 몫은 23.2~26.9%로 미국보다 낮지만 영국·프랑스보다 훨씬 높다. 문제는 그다음이다. 최상위 1%를 제외한 상위 2~10%의 개인 순재산 점유율은 39.1~41.3%에 이른다. 영국(32.0%), 프랑스(32~32.4%)를 크게 앞서는 것은 물론, 미국과 중국, 인도, 러시아 등 부의 불평등이 심각한 모든 나라를 제치고 압도적 1위다. 2~10% 개인 순재산 비중을 한국과 견줄 수 있는 나라는 흑백 갈등으로 부의 불평등이 세계 최고 수준인 남아프리카 공화국이 유일하다(〈표1〉).

세전 국민소득(〈표2〉)을 비교해도 결과는 비슷하다. 한국 상위 10%의 국민소득 비중은 2016년 43.3%로, 미국 46.7%를 밑돌 뿐 중국 41.4%, 대만 36.4%, 영국 34.6%, 프랑스 36.8%. 스페인 34.5%, 독일 36.8%, 호주 31.9% 등을 훨씬 앞지른다.

조금 더 들어가 보자. 세계 최고 수준의 상위 2~10%와 나머지 계층의 격차에 대해서다. 저명한 개발경제학자 겸 불평등 전문가인 브랑코 밀라노비치가 2019년 11월 펴낸 책 『자본주의 홀로: 세계를 통치하는 시스템의 미래 Capitalism, Alone: The Future of the System That Rules the World』에서는 '호모플루티아(homoploutia)'라는 새로운 개념을 소개하고 있다. '같은 사람에 쏠리는 부'의 정도라는 뜻인데, 소득분배 상단에서 자본소득과 노동소득 양쪽 모두에서 소득을 올리는 인구가 점점 더 늘어나고 있음을 가리킨다. 미국을 예로 들면, 노동소득 상위 10% 가구에 속하는 근로자이면서 자본소득 상위 10%에 속하는 자본가인 이런 '호모플루티아' 비중이 1980년 15% 미만에서 2015년 이후 25%를 넘어 30%에 육박한다(〈그래프1〉 참조).

우리나라의 경우 문제는 이게 소위 '민주화' 과정에서 벌어져 왔다는 사실이다. 노동소득 상위 10% 가구에 속하는 근로자이면서 자본소득 상위 10% 속하는 자본가인 우리나라의 '호모플루티아' 비중은 2015년 16%로 영국, 일본과 같은 수준이고, 브라질 8%, 멕시코 8%보다는 월등히 높다. 미국이 25%로 가장 높고, 독일 23%, 프랑스 20%, 스페인 19%, 그리스 18% 등의 순이다. 한 언론에서는 소위 '강남좌파'가 이런 호모플루티아에 속하고, 민주화 과정에서 공무원, 공공부문 종사자, 일부 대기업 근로자, 교수, 변호사, 약사, 의사, 학원 원장 등 높은 노동소득이나 사업소득을 얻거나, 아니면 상속을 통해서든 충분한 부를 쌓은 부류가 여기에 속한다는 분석도 내놓은 바 있다. 옵티머스 사태나 라임 사태의 면면을 뜯어보면, 결국 이들이 보수·진보 진영 정치의 핵심 정치 세력들과 더불어, 대한민국을 좀 먹고 시장경제를 파괴하는 기득권 담합 세력의 핵심 실체를 이룬다.

한국에서 압도적인 자본소득이 '부동산 공화국'이라는 말처럼 부동산 불로소득임은 두말할 나위가 없다. 여기에 1997년 IMF 사태 때 발생한, 투기자본 론스타의 외환은행 인수 사건에서 드러난 금융관료세력의 추악한 모습을 보태야 한다. 2015년 무절제한 대규모 사모펀드 규제 완화나, 이후 극성을 부리기 시작한 사모펀드를 매개로 한 투기적인 자본소득을 노린 기업 사냥꾼의 창궐 등도 빼놓을 수 없다. 사태의 심각성은 최근 금융감독원이 '면피성' 보도자료를 발표한 것만 봐도 알 수 있다. 2016년부터 2020년까지 사모펀드를 전주로 삼아 기업 사냥꾼들이 빌린 돈으로 기업을 사들이는 과정에서 발생한 불공정거래 건수는 총 500건이나 된다. 검찰에 고발하거나 통보한 건수는 무려 67.2%인 336건이다. 이들 기업 사냥꾼과 밀접한 자들이 사모펀드 운용사를 차리고 일반 국민으로부터 모은 저축을 이용해 자기들 배만 불리는 '돈 잔치'를 벌이고, 그 떡고물의 일부가 미공개 정보를 알려주거나 후광을 빌려준 방식으로 이들과 네트워크 관계를 형성한 기득권 담합 세력에 광범위하게 흘러 들어갔다. 그런 과정에서 터져 나온 게 바로 옵티머스 사태이고 라임 사태이다.

사모펀드에 투자한 일반 국민은 사기를 당하거나 막대한 피해를 입었고, 국민으로부터 모은 사모펀드 돈으로 인수당한 기업 중 발돋움한 곳은 거의 없고 대개 상장폐지 되거나 증권시장에서 거래가 중단되는 지경에 몰렸다. 가치 창출의 실체인 기업에 대한 실제 투자는 제대로 하지 않은 채, 투자자들의 돈으로 돌려막기를 하면서 주가를 부풀려 팔아치우는 방식으로 한탕 해먹은 게 부지기수다. 한 마디로, 대한민국에서 사모펀드의 상당수는, 사체에 몰려들어 살점을 뜯어가는 독수리에 빗댄 용어로 '벌처 펀드(vulture fund)'라고 해도 지나치지 않다. 여기에 멀리 1997년 IMF 사태 이후 양지를 지향하며 기업과 금융권에 파고들던 조직폭력배의 상당수가 깊숙이 관련됐음은 두말할 나위가 없다.

자! 지금 새로운 기득권 세력이 생겨나고 이들이 사회개혁의 저항세력으로 작동하고 있는 현실이 분명히 보이지 않는가? 이들을 만들어내는 세력들은 단순히 문재인 정권이 아니라 바로 여야를 포함한 기득권 카르텔 세력이라는 것을 이제 정확히 할 때가 되었다.

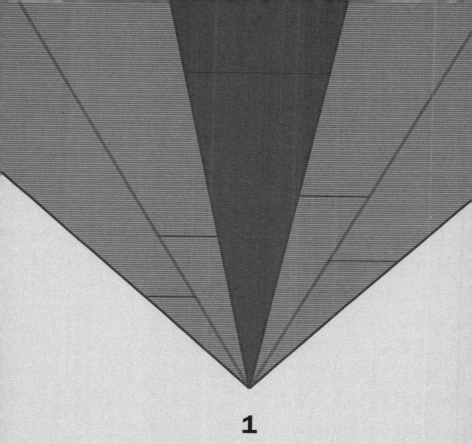

1

‘반反문’ 전선이
아니라
‘반反기득권 카르텔’
전선이다!

적어도 진보도 아니고 보수도 아니고 혹은 현재의 진보나 보수 모두 가짜라고 느끼는 국민은 반문재인 선동에 동조하면서도 뭔가 허전한 느낌을 감출 수가 없을 것으로 생각한다. 김종인 국민의힘 비대위원장이나 안철수 대표의 문재인 정권 비판이 표피적으로는 맞는 말도 있지만 뭔가 허전한 것은 '그래서? 당신들이 정권을 잡으면 그런 문제가 해결되나?'라는 물음이 떠나지 않아서다.

반문 전선이 아니라 반기득권 동맹 전선이 필요한 이유는 바로 그런 의문에 답을 주기 때문이다. 물론 사람들은 일반적으로 간단한 말을 좋아한다. 당연히 표를 먹고사는 정치인들은 그런 단순한 호소에 직관적으로 부응해야 표가 된다고 생각한다. 그러나 바로 여기에 대중 정치의 함정이 있다. 잘못된 정치와 잘못된 국민이 결합했을 때 상상하기 힘든 비극 예컨대 '나치의 가스실'이 생겨난다. 이미 한국 정치에도 그런 조짐이 곳곳에서 피어나고 있다. 정치에서 지성이 발휘되어야 할 때가 있다. 가짜 정치와 진짜 정치를 구분해야 하고 지금이 그때이다.

지금 우리의 지성이 살펴야 할 문제는 도대체 '왜 문재인 정권이 이렇게 되었는가?' 하는 것이다. 처방전을 말하기 전에 병의 원인에 대해 분명히 하자는 것이다. 처음부터 문재인 대통령이 나라를 이렇게 만들려고 했을까? 촛불 혁명의 정신을 배신하려고 했을까? 단순히 짝퉁 민주화 세력을 대표하는 인물이어서 그런 것일까? 그 질문에 대한 답은 잠시 유보하자. 그것보다 더 중요한 것은 대통령의 의지나 성격 그리고 능력과 무관한 객관적 상황과 조건에 대한 것이다.

한마디로 기득권 동맹 세력에 포획된 대통령은 누가 하더라도 지금과 같은 상황을 크게 변화시킬 수 없다는 사실이다. 국민의힘 김종인 대표가 아무리 혁신을 하려고 해도 혁신의 대상을 혁신의 주체로 삼아야 한다는 딜레마에서 벗어날 수가 없다. 그것을 벗어나서 새로운 혁신 주체를 꾸리는 순간 김종인 대표 체제는 유지될 수가 없기 때문이다.

마찬가지로 문재인 대통령 체제도 그러한 수렁에 갇혀 있다는 것이 나의 판단이다. 대통령 본인이 그 사실을 어느 정도 절실히 깨닫고 있는지는 잘 모르겠지만, 설령 깨닫고 있다고 하더라도 할 수 있는 일이 그리 많지 않을 것이다. 혁신 주체들의 역량에 의해 사회개혁의 진도가 결정될 수밖에 없고 지금은 불행히도 사회가 요구하는 수준에 한참 못 미친다. 바로 이 문제 때문에 단순히 '문재인 정권 심판'이라는 구호가 위험하고 그 결과는 오히려 사태를 더 악화시킬 수 있다는 것이다.

고통스럽지만 우리는 더 진실을 파고들어서 우리 내부의 기득권 동맹이라는 흉측한 암 덩어리를 똑바로 응시할 수 있어야 한다. 옵티머스 사건을 통해 드러난 한국 사회 기득권 집단의 민낯은 참담하다. 『경향신문』의 강진구 기자가 용기 있게 밝혀낸 사실에 의하면 옵티머스의 비리 사슬에는 이헌재 전 경제부총리, 양호 나라은행장 등 모피아 세력들과 이와 결탁한 검찰과 법원 고위 관료, 그리고 이낙연 대표를 비롯해 윤석열 검찰총장 등 여야를 포함한 권력 실세들이 촘촘하게 얽혀 있다는 의혹들이 제기되고 있다.

최근 〈열린공감TV〉에서 보도한 바에 따르면, 전파진흥원의 수사 의뢰에도 서울중앙지검은 옵티머스 대표에 대한 무혐의 처분을 내렸다. 당시 서울중앙지검장이 바로 윤석열 총장이었다. 그때 제대로 수사를 했다면 지금의 엄청난 금융사기 피해는 막을 수 있었다.

지난해 10월 22일 국감에서 윤 총장은 이 사건에 대해 이렇게 말했다. "사건 자체가 부장 전결이라 보고가 올라온 적이 없다. 전파진흥원 피해가 없었고 (투자금이) 회수된 상태에서 보고받았다." 그럴듯한 해명이었다. 하지만 박근혜·최순실 국정농단 사건 때 윤석열과 한 팀을 이룬 인물이자 이번 옵티머스 사태의 핵심 로비꾼의 하나로 지목되는 이규철 대륙아주 변호사는 이렇게 말했다. "전파진흥원 고소 문제는 윤석열과 사건 담당 부장, 두 사람 보고면 끝(이다). 나는 사건 담당 부장과 일면식도 없다. 윤석열과 세 번 만나기만 했

〈그림1〉 옵티머스 사태 연루자 족보도

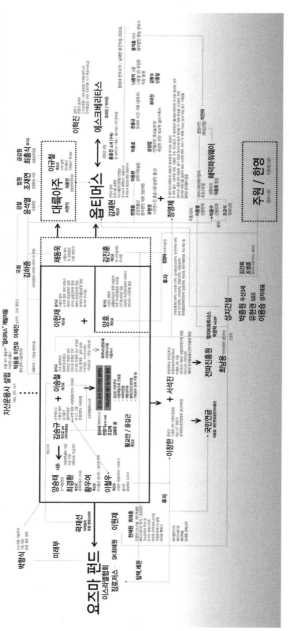

*출처: 열린공감TV

지만, (사건과 아무런 관련이 없는) 강아지 얘기만 잔뜩 했다." 두 사람의 말을 교차하면 어떤 판단이 드는가? 솔직히 나는 윤 총장과 사건 담당 부장이 입을 맞췄을 가능성에 강하게 무게를 두게 된다.

이낙연 총리를 둘러싼 의혹도 분명히 밝혀야 한다. 이미 알려진 것처럼 이낙연 대표의 동생 이모 씨는 지난해 10월 삼부토건 대표이사가 된다. 그리고 2020년 8월부터 수개월 사이 삼부토건 주가는 폭등한다. 이 대표 동생이 삼부토건 대표이사가 되던 날 삼부토건을 지배하는 휴림로봇의 최대주주가 HNT에서 동양물산으로 바뀐다. 동양물산은 벽산그룹 2세인 김희용 회장 일가의 소유 회사로 김 회장은 박정희 전 대통령의 조카사위이다. 김 회장의 부인은 고 김종필 자민련 전 총재의 처제로 박근혜 사면을 주장하는 사람이다. 물론 〈열린공감TV〉에서 거론되자 동양물산은 바로 주식을 팔아버려 관계를 단절했다. 옵티머스의 비자금 저수지가 바로 트러스트올이라는 유령기업이다. 이 기업의 자금이 이낙연 대표의 선거사무실에 복합복사기 대금으로 지원되었다. 그것 때문에 이 대표 측근의 안타까운 죽음까지 있었다.

이런 사실을 다 알고 있음에도 윤석열 검찰은 꿀 먹은 벙어리가 되어 있다. 조국의 죄가 10점 만점에 5점이라면 이낙연 대표를 둘러싼 의혹은 10점이 넘는다. 그러나 조국 사건

과는 극명하게 대비되는 보수언론의 기이한 침묵. 도대체 왜 이런 어처구니없는 나라가 되었나?

드러난 것은 빙산의 일각에 불과하다. 이들 기득권 동맹 세력들이 국민의 머리 위에 앉아서 국가 예산을 농단하고 국민의 노후 자금을 빨아먹는 것이 지금 한국의 현실이다. 그러나 이런 현실을 고발하고 수사해야 할 언론이나 검찰은 침묵하고 있으며 이를 고발하고 싸워야 할 정치권은 눈치나 보고 있다. 이런 기득권 동맹은 자신들의 치부를 가리기 위해 진영 논리를 확대재생산하고 한국 사회를 거짓된 좌우 분열 상태로 몰아가고 있다. 한심한 보수·진보 정치권은 헛소리만 늘어놓고 있고 우리 사회의 암 덩어리에 대해서는 한마디도 하지 않는다.

시장경제를 파괴하는 적은 진보세력도 아니고 노동조합도 아니다. 바로 기득권 카르텔이다. 역으로 진보의 사회개혁을 막는 것은 보수세력이 아니다. 바로 기득권 동맹 세력이다.

옵티머스는 단순한 권력형 비리도 아니고 단순한 금융사기도 아니다. 바로 한국 경제가 처해 있는 복마전을 잘 보여주는 축소판이다. 문제는 단순히 여야 가릴 것 없이 권력 실세들이 부패했다는 것에 있지 않다. 단순히 부패한 것이라면 썩은 사과를 골라 분리수거 하면 된다. 문제는 이런 부패구조가 국가 정책의 화려한 외양을 띠고 구조화되어가고 있으며

두 당이 아무리 으르렁 대봐야 기득권 동맹 세력은 두려워하지 않는다.
자기 집을 지켜주는 충견이기 때문이다.

500조 원 이상의 예산이 기득권 동맹의 치부수단으로 이용
되고 있을 뿐 아니라 한국은행을 비롯한 각종 공기업 기관들
이 불로소득을 통한 집단 이익 실현이라는 중대한 암세포로
커지고 있다는 점이다.

　이런 한국의 현실을 문재인 심판이라는 구호로 단순화시
키고 이를 위해 야권단일화를 하자는 것은 문제의 본질을 정
확히 반영한 방침이 될 수가 없다. 다시 비유하자면 일단 똥
묻은 개와 연합해서 겨 묻은 개를 잡아먹고 다시 똥 묻은 개
를 잡아먹자는 이야기가 되는데, 사실 서로 시끄럽게 짖어대
는 개들은 실제로 물지 않는 법이다. 그 두 마리 개의 주인인

기득권 동맹 세력은 애초에 둘 다 잡아먹을 생각도 없다. 둘 다 자기 집을 지켜주는데 왜 잡아먹겠는가?

이번 보궐선거를 앞두고 한국 국민들의 선택이 민주당 후보인가, 아니면 국민의힘 후보인가라는 두 가지 선택지밖에 없다는 것은 한국의 미래가 이제 닫히고 있다는 것을 의미한다.

시급하게 반문 전선이라는 허무개그를 반기득권 동맹 혁파 전선이라는 드라마로 재구성해야 한다. 우리 국민의 고통스러운 삶이 장난은 아니지 않은가?

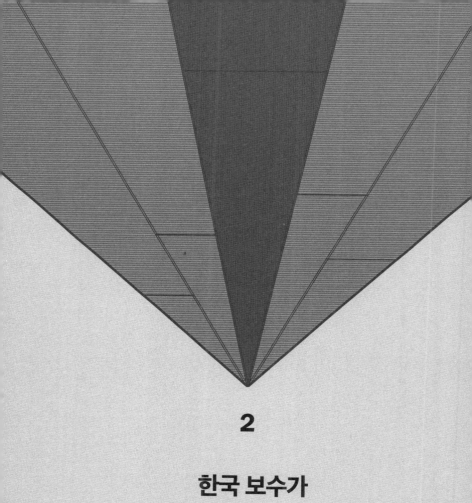

2

한국 보수가
가망 없는
세 가지 이유

Part 1

보수는 자신의 정체성을 모른다

가장 핵심적 이유는 한국 보수가 안고 있는 시대정신의 부재다. 시대정신의 부재는 곧 정체성의 혼란에서 기인한다. 정체성이 분명하지 않으면 조현병이 발생한다. 지금 보수들의 혼란스러운 행태가 그렇다. 사실 보수들이 자신들의 가치를 시장주의자라는 데서 찾는 것을 보면 어처구니가 없다.

지금 보수의 토대가 된 산업들은 시장에 맡겨져 건설된 것이 아니다. 모두 박정희 정권하에서 국가 주도 경제개발계획에 의해 건설되었고 그 성과에 기대 보수정치가 승승장구할 수 있었다. 박정희 정권의 경제정책은 거의 국가사회주의라고 할 수 있다. 기업과 금융은 정부의 산업정책에 동원된 기관에 가까웠다. 이것을 부정할 수는 없을 것이다.

이런 국가 주도 경제정책의 성과로 만들어진 보수의 기반에서 시장경제론자로 변신하는 것이 시대적 상황에 따라 있을 수는 있다. 그러나 자신들의 토대 형성에 대한 역사를 잊는다면 그것은 부모상(喪)을 잊어버리는 불효자식과 비슷하다. 나는 윤희숙 의원의 『정책의 배신』이란 책을 보며 그런 느낌을 강하게 받았다. 마치 자신의 뿌리가 어딘지 모르면서 조상을 마구 욕하는 느낌? 정책의 배신은 일면에서 맞지만, 한편으로는 정체성의 배신이라는 것을 알고 있는지 모르겠다.

국민의힘에서 유일하게 정책 역량을 가지고 스타로 떠오른 윤희숙씨가 자신의 책에서 지적하는 최저임금, 주 52시간제, 비정규직 대책, 국민연금, 정년연장, 신산업 정책 등과 같은 주제의 내용은 소위 시장 만능주의 관점에 매우 충실한 논리구조를 갖고 있다.

그래서? 그 논리는 사실 민주당 정권의 핵심 실세들이 가진 논리와 매우 유사해서 거의 차별이 없다. 민주당 사람들은 노동계나 진보계의 눈치를 보면서 톤을 완화해 이야기할 뿐이고 윤희숙 의원은 그냥 노골적으로 이야기하는 차이에 불과하다. 그래서 윤희숙 의원의 논리대로 진행된다면 그것은 민주당에서 하고 싶지만 지지 세력들 눈치 때문에 못하는 일들을 대신 해주는 결과로 귀결된다. 민주당으로서는 내심 손 안 대고 코 푸는 아주 고마운 일일지도 모른다. 이것이 지금 국민의힘이 안고 있는 전체적인 한계이다. 마치 민주당과 어마어마한 각을 세우는 것처럼 보이지만 실제 그 차이는 크지 않다. 동일한 시장 만능주의에 입각해 있기 때문이다.

Part 2
보수는 허깨비와 싸우고 있다

한국의 보수는 어쩌면 그렇게 동일한 논리 구조에 갇혀 있는지 놀랄 정도이다. 자신들의 물적 토대가 국가 주도 경제개발 정책 즉 국가사회주의적 경제 논리에 의해 만들어졌는데도 사실상 이것을 부정하는 시장경제 만능주의를 보수의 정체성으로 채택하게 된 것은 보수진영의 지적 토대가 그만큼 취약하다는 것을 의미한다.

그 결과 이들이 의존하게 되는 것은 냉전 시대 전가의 보도였던 빨갱이론과 좌파종북주의. 아니면 남미 포퓰리즘 등의 선동 구호뿐이다. 시장경제 만능주의도 신자유주의로 변질되어 30년 정도 세계 정치를 주름잡았지만 결국 불평등문제와 환경문제를 해결하지 못하고 그 한계를 드러내고 있는 마당에 한국의 보수가 신자유주의 논리를 장착한다는 것은 시대에 뒤떨어져도 한참 뒤떨어지는 것이다. 신자유주의가 오히려 김대중, 노무현 정권이 더 충실히 사용한 이념이었고 그 결과가 오늘의 심각한 양극화 현상임을 새삼 다시 설명해야 할까?

윤희숙 의원의 책 표지에는 '좌파 기득권 수호에 매몰된 대한민국 경제사회정책의 비밀' '정책의 배신' '최저임금. 주

52시간제. 비정규직. 국민연금. 정년연장. 신산업 방향 잃은 정책을 낱낱이 해부하다!'라고 적혀 있다. 내용을 찬찬히 검토하다 보니 어디선가 익숙한 논리가 느껴졌다. 1990년대 말 신자유주의가 한창일 때 한국 주류 경제학자나 관료들의 논리가 그대로 전개되고 있었다. 물론 표현은 좀 더 세련되고 마치 진보가 직면한 한계들을 분석해서 대안을 제시하기 때문에 '혹시 이 분은 민주당 소속인가?' 하고 헷갈릴 지경이었다.

이 책에서 주장하는 결론은 결국 '모든 것은 시장에 맡겨라!'에서 '웬만하면 시장에 맡겨라!'로 바뀐 정도이다. 책 제목에서 주장한 경제사회정책의 비밀은 사실 비밀이 아니라 유학 갔다 온 경제학자들이 공유하고 있는 인식 틀에 불과하다. 강자와 약자의 게임 뒤에 작동하는 카지노의 주인들이 벌이는 카르텔 구조에 대해서는 건드리지도 못하고 있다. 유일하게 나오는 표현이 '노조와 386그룹들이 담합해 서로를 보호하고 세력을 넓히며 정책의 진짜 의도와 내용을 숨긴 채 국민을 고단하고 가난하게 만들고 있는 것 같아 걱정입니다' 정도다. 기왕에 사실을 보려면 양쪽 눈을 다 뜨고 봐야지 왜 한쪽 눈만 뜨고 보는가? 결국 진영논리로 경제에 접근하다 보니 총체적 분석은 실패하고 있다.

차라리 그런 점에서 같은 보수진영이지만 황장수가 더 한국 경제의 실체에 접근하고 있다. 그는 자신의 책『서포15조』에서 '한국 보수 정치인과 보수정당은 보수의 미래를 두고 밑그림과 이미지를 그릴 능력조차 없다'라고 주장하면서 한국 보수의 가장 큰 문제는 이들이 '정치할 수준을 갖추지 못한 기득권의 브로커들이거나 기득권이 직접 자신의 이익을 위해 뛰어든 세력이라는 데 있다'고 주장한다.

황장수는 민주주의가 무너져가는 원인에 대해서도 비교적 정확하게 보고 있다. 그는 '어느 쪽이든 이들은 기득권 집단을 형성하고 재계와 언론인, 법조인, 고위 공무원, 자산가 집단, 전문 직업인 등과 그들만의 네트워크를 구축해 이해관계를 공유한다. (…) 결국 국가 운영은 기득권 네트워크가 좌우한다'고 지적한다. 올바른 지적이긴 하나 지금까지 그 기득권 네트워크가 한국 사회에서 만들어온 공과에 대한 평가에서 좀 더 객관적일 필요가 있다.

황장수는 한국 사회를 한마디로 '헬 조선'으로 전제하지만, 이 주장은 그동안 소위 진보진영에서 주로 이명박 정권 시절에 강하게 내세운 것이다. 말하자면 진보진영이 보수 정권을 공격하기 위해 주로 사용했던 용어였다. 그러나 이명박·박근혜 정권과 지금까지 한국 경제가 진화해온 과정을 보면 과연 세계적 차원에서 '헬 조선'이라고 단정할 근거가 있는가?

물론 양극화가 심화해온 것은 맞다. 그리고 상대적으로 비기득권층은 '헬 조선'이라고 주장할 수 있다. 그러나 실제 세계 각국에서 한국에 대한 평가는 어떠한가? 한국에 오는 관광객들은 한국이 정말 다른 나라보다 살기 좋다고 평가한다. 카페에서 가방을 놓고 화장실에 갔다 올 수 있는 나라는 한국밖에 없다고도 한다. 치안과 교통망과 사람들의 친절함 그리고 한국 상품들의 우수성 등에 대한 평가가 매우 높아지고 있음을 느끼고 있다. 제조업 분야도 점점 그 경쟁력에서 뒤지지 않고 있다.

그러나 전술한 바대로 최근 피케티의 한국 불평등 연구자료에서 상위 2~10%의 재산 점유율이 세계 1위로 등극했다는 것은 무엇을 의미할까? 기득권층과 비기득권층의 양극화가 깊어지고 있다는 의미로만 해석하는 것은 불충분하다. 다른 측면에서 보면 한국은 중산층의 벽이 더 두꺼워지고 있다고 볼 수도 있다. 그리고 중산층이 어떻게 강화되었는가 하는 내용도 매우 중요한데 결국 부동산 투자나 공무원, 공공부문, 대기업 임직원 등의 임금소득과 자산소득의 축적이 나머지 하위계층과 더 격차를 벌리고 있다고 볼 수 있다.

내가 제기하는 것은 한국 경제에 대한 진단을 정확히 해야 처방도 정확히 내릴 수 있다는 것이다. 황장수의 논리는 보수 중에서는 한국 사회의 현재 문제를 비교적 정확히 분석하고 있다. 특히 기득권 카르텔에 대한 분석 역시 나의 분석과 많은 부분 일치한다.

그러나 문제는 역시 주체의 역사성이다. 보수를 대변한다고 하면서 기득권 동맹을 공격하는 것은 자신의 정체성을 무시하는 것과 같다. 한국의 보수는 기득권 동맹의 뿌리이다. 뿌리라고 해서 다 부정하면 자가당착에 빠진다. 한국이 '헬 조선'이라고? 그런 '헬 조선'이 지금 세계 10위의 경제대국이 되었는데? 이것을 부정하다 보니 논리가 극단으로 흐르게 된다. 즉 앞으로 한국 경제는 파국에 이르게 될 것이라는 정세 비관론으로 일관하게 된다. 논리는 이렇게 발전한다. '결국, 세계경제는 공황상태로 갈 것이고 한국은 경제적 파국을 맞게 될 것이다. 부동산은 거품이 빠지고 폭삭 망하게 될 것이다. 처참한 한국 사회에서 살아남기 위해서는 조금 벌어도 먹고 살 수 있는 경제체제로 가야 한다'는 것이다. 이런 주장은 보통 진보진영에서 주로 하던 정세 분석이었다. 보수 쪽에서 이 정도 주장하는 것도 신선하기는 하다. 그러나 아직 그런 처방전을 내놓기에는 한국 보수 기득권층들의 수동혁명론이 생명을 다하지 않았다.

황장수의 혁명론은 좌충우돌 성격이 강하다. 보수진영에 대한 처절한 반성은 이해하나 그 성과까지 버리는 과도함이 보인다. 그런 철저함은 동시에 민주화 세대가 만들어낸 성과에도 똑같이 적용된다.

보수진영은 좌빨, 주사파라는 허깨비를 진지한 적으로 간주해서 역량을 낭비한다. 동시에 내부적으로 자신의 허구적 정체성이라는 허깨비와 싸우고 있다. 말하자면 지피지기가 제대로 되고 있지 않다. 이런 상태에서 혁신의 대상들과 함께 혁신을 추구하고 있다. 그게 얼마나 어려운 과제인가? 하지만 그런 어려운 과제를 실현하는 치열성도 보이지 않는다. 오히려 혁신의 대상들이 혁신 자체를 잡아먹고 있다. 이러한 문제는 해결될 기미가 보이지 않는다.

Part 3
국민을 '약자'로 보는 김종인의 실험은 성공할 수 없다

김종인은 적어도 이런 한계를 넘어서 있는 것처럼 보인다. 시장의 문제점도 잘 알고 국가의 역할도 이해하고 있다. 경제민주화론을 제기하고 내가 10여 년 전에 제기한 기본소득론을 국민의힘 당론으로까지 밀고 갈만한 식견도 갖추고 있다는 점에서 보수정치 세력으로서는 그만한 리더가 없다. 그러나 여기까지!

내가 실망한 것은 김종인 비대위에서 야심 차게 내건 '약자와의 동행'이라는 구호를 보고 나서이다. 약자라……. 국민이 약자란 소리인가? 약자는 강자가 있다는 전제에서 나온 말이다. 그렇다면 강자란 누구인가? 지금 국민 위에서 군림하는 기득권 지배 계층이 강자란 소리가 된다. 강한 자가 지배하고 약자가 지배당하는 것은 자연법칙이다. 그러나 한국 사회의 자연법칙은 아니다. 더 깊이 들어가 보면 약자가 아니라 피해자가 있고 따라서 가해자가 있는 게 한국 사회의 지배 구조이다.

세월호 사건에는 가해자와 피해자가 있다. 단지 그 구조가 제대로 밝혀지지 않았을 뿐이다. 사회에 비정규직과 실업자가 많은 것도 그들이 약자여서가 아니다. 산업 변화로 인한 노동시장의 불일치 때문이며 이는 정책의 실패로 봐야 한다. 정책 실패로 인한 피해자를 약자로 부르는 건 가해자의 존재를 은폐하는 결과를 낳는다. 보수의 구호가 약자와의 동행이라면 그것은 가해자의 존재를 밝혀내고 처벌하는 일을 못 하게 만들고 오히려 강자에 도덕적 면죄부를 주는 결과를 초래한다. 성폭행범을 남자답다고 하는 것과 뭐가 다른가?

정치가 무엇이냐고 자로라는 제자가 공자에게 물었다. 공자는 한마디로 '정명(正名)'이라 답했다. 해설을 붙이면 '이름을 바로 세우지 않으면 말이 서지 않고 말이 서지 않는다면, 모든 일이 이루어지지 않는다'고 했다. 엄연한 불법 담합 행위로 처벌받아야 할 가해자를 강자로 부르면 그것은 결국 범법자를 보호하는 결과를 낳는다. 앞서 윤희숙 의원의 논리가 그런 결과를 초래할 가능성이 있는 것이다. 그런 구호는 한국사회가 안고 있는 본질적 문제를 짚어내고 있지 못하다. 그것이 김종인 비대위원장의 근본적 한계이다.

두 번째 문제로, 보수 혁신의 주체가 보이지 않는다. 인물이 보이지 않는다는 것은 단순히 스펙이나 스토리의 문제가 아니다. 시대정신을 담지한 인물이 만들어지지 않았다는 것을 의미한다. 고작해야 윤희숙 의원 정도가 논리적으로 눈에 띄는 정도라면 이건 보수의 새로운 희망의 아이콘이 만들어지지 않았다는 것을 의미한다.

김종인 대표가 직접 뛸 수도 없는 문제이니 이건 정말 심각하다. 이명박, 박근혜 두 전직 대표가 시대정신을 망각하고 각종 비리 혐의로 구속된 상황에서 이를 대체할 어떤 인물도 보이지 않는다면 어떻게 문재인 정권을 심판할 수 있을 것인가? 심지어 김종인 비대위원장이 두 전직 대통령의 비리에 대해 다시 정식으로 대국민 사과를 했지만, 당내에서 진정성 있게 받아들여지지는 않는 듯하다. 심지어 당 대변인이라는 사람이 김종인 대표의 사과에 대해 '무책임한 뜨내기의 변'이라고 비판했다. 김종인 위원장이 이런 콩가루 집안을 강력하게 정비할 수 있을지가 관건인데 그럴 가능성은 없어 보인다.

문재인 정권이 아무리 문제가 많다고 하더라도 그 대안으로 구 적폐 세력을 다시 불러온다? 아니면 구 적폐와 손잡고 신 적폐를 몰아내자? 그러면 그다음엔? 바로 구 기득권 세력의 정권 장악으로 문재인 정권 뺨치는 부패와 무능이 판을 칠 것이고 그러면 또 국민은 자기 손가락을 탓하게 될 것인데…… 눈에 뻔히 보이는 이런 상황을 또 되풀이할 수는 없지 않은가?

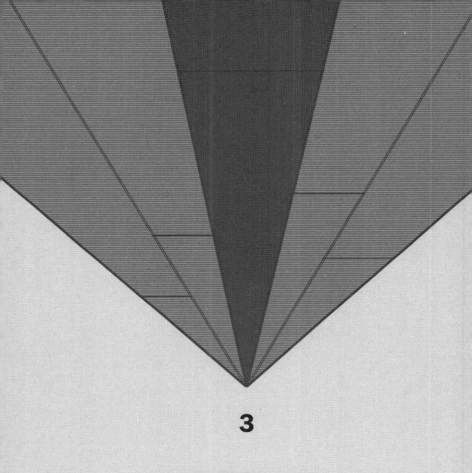

3

안철수 노선의
근본적 한계:

"사람은 배신해도
가치를 배신하면
안 된다!"

보컬 트레이너들은 첫 소절만 들어도 고음불가 여부를 안다고 한다. 저음부터 소릿길이 잡혀 있어야 고음이 가능하기 때문이다. 2013년 말 안철수의 새정치추진위원회가 시작될 때 이미 현재 제3정치 세력의 모습은 예정되어 있었다고 하면 지나친 것일까?

2014년 새정치추진위원회를 발족한 지 한 달여 만에 당시 민주당과 통합한 새정치민주연합, 여기를 탈당해서 만든 국민의당. 바른정당과 통합해서 만든 바른미래당과 민평당, 대안신당, 그리고 민생당과 국민의당으로 분열된 8년 동안의 과정에서 얻은 교훈이 있다. 정치는 가치와 그 가치를 실현할 주체를 새롭게 세워야 한다는 것이다.

다시 2014년 새정치추진위를 구성할 당시로 돌아가 보자. 당시 새정치추진위의 이념적 패러다임은 사실상 민주당 개혁 노선 정도였다. 말하자면 탈이념과 민주화 세대 산업화 세대를 다 포괄한다는 것이었는데 이는 사실상 한국 사회의 핵심 문제에 대한 대안이 될 수가 없었다. 모두를 사랑한다는 말은 사실상 모두를 진짜 사랑하는 것이 아니라는 말과 같다.

당연히 그런 공허한 이념 아래에서는 주체가 형성될 수가 없다. 단지 선거 때 한탕을 노리는 요행주의가 창궐하게 되었고 영혼 없는 권력 투쟁의 장이 8년 내내 당을 무력하게 만들었다. 그 결과 보수와 진보에 대해 염증을 느끼는 국민도 중

때만 되면 집권세력의 대통령 앞에 '반대할 반'자를 붙인 문구가 유행한다.
그래서 무엇이 바뀌었나? 그리고 심판은 아무나 해도 되는가?
(민생당 신년 기자회견, 1월 20일)

도정치 세력에 대해 똑같은 환멸을 느끼게 되었고 그것이 지금 민생당이나 국민의당 같은 제3정치 세력이 직면한 상황이다.

안철수 대표의 정치 노선에서 가장 문제가 되는 것은 첫째, 지금 안철수 국민의당 대표가 반문을 외치면서 야권 단일후보를 내자고 주장하지만 '그럴 자격이 있는가?' 하는 것이다.

진정성을 갖고 야권 단일후보를 만들자고 주장한다면 자신이 만든 바른미래당을 2년 만에 탈당하고 다른 당을 만든 것에 대해 당시 안 후보를 지지하면서 끝까지 당을 지켜왔던 동지들에게 진정성 있는 사과를 해야 한다.

당시 독일에서 귀국해서 며칠 있다가 딱 한 번 손학규 대표를 만나서 사퇴 권고를 하고 거부되자 탈당을 하고 새로 창당을 했다. 당은 개인의 것이 아닌 가치를 공유하는 결사체이다. 의견이 다를 수 있고 노선 투쟁을 할 수 있다. 손학규의 노선이 마음에 들지 않는다면 그 노선의 차이를 드러내고 당에서 민주적 절차에 따라 당권을 교체하는 노력을 해야 한다. 오랜 풍찬노숙의 세월을 견디며 당을 지켜왔던 많은 당원의 마음을 조금이라도 이해한다면 그런 태도는 너무나 무책임한 것이었다.

이념과 정체성이 다른 바른정당과 통합을 추진할 때조차 그를 지켜왔던 당원들은 수많은 실망에도 참고 견뎌왔다. 안철수와 유승민 간의 공천 갈등이 당의 신뢰도를 갉아먹고 있을 때도 당을 지켰다. 안철수 본인이 후보로 나간 대선과 지방선거의 궤멸적 참패에도 당원들은 꾸준히 당을 지켜왔다. 그것은 아무리 힘들어도 보수와 진보를 넘어 중도개혁적 국민의 승리를 위해서였다. 보수와 진보의 진영논리를 뛰어넘어 제3의 새로운 정치를 하기 위한 것이었다. 그런 가치가 있었기 때문에 수많은 당 간부가 어렵게 지역을 지키고 당을 지키고 있었던 것이다.

이런 당원들을 그렇게 매몰차게 버리고 이제 야권 승리를 위해 단일화하자고 하고 있다. 야권단일화와 보수와 진보 양 극단을 배제한 새로운 정치와는 엄연한 차이가 있다. 왜 갑자기 서울시장선거에서 가장 최우선적 목표가 정권 교체를 위한 야권단일화로 지상목표처럼 제시되는가? 초심이 변했으면 변했다고 이야기를 하고 가야 한다. 변해놓고 변하지 않았다고 하면서 실제 행동은 다르다면 그것은 사람을 속이는 것이다.

둘째, 정치에서 사람은 배신할 수 있어도 가치는 배신하면 안 된다. 정치하는 과정에서 배신하기도 하고 배신당하기도 한다. 측근들이 떠나가기도 하지만 그것은 다 나름대로 이유가 있을 수 있다. 그러나 변하지 말아야 할 것은 정치의 가치이다.

야권단일화의 결과는 어떻게 될 것인가? 결국, 지금 안 대표가 말하는 야권단일화는 보수연합노선이다. 바른정당과 통합이 비참한 결과로 드러났지만 어떤 깊은 반성도 없는 상황에서 다시 서울시장 권력을 민주당에 넘겨줄 수 없다는 이유로 보수와 단일화를 주장하는 것은 똑같은 오류를 되풀이하는 것이다.

신 적폐를 구 적폐 연합으로 심판한다? 신 기득권 세력을 구 기득권 세력으로 심판한다? 반문만 외치면 과거의 잘못이 다 용서되는가? 국민에게 그런 선택지밖에 줄 수 없는 것인가? 그런 것이 진정한 정치 발전에 도움이 될 수는 없다. 가짜 보수를 심판하고 가짜 진보도 심판하자고 아무리 말해도 이미 국민은 안철수의 그 중도정치라는 것에 대해서도 회의적으로 보고 있다. 왜냐하면, 중도정치의 구체적인 정책 내용이 근본적으로 달라지기 때문이다.

『프레시안』의 곽재훈 기자가 분석한 바에 따르면, 2021년 현재 안철수 후보의 부동산 공약은 2012년 대선 당시의 공약과 완전히 달라졌다. 2012년에는 "한국의 부동산세제는 보유세 부담이 가벼울 뿐 아니라 부동산세(보유세+거래세) 중 보유세의 비중이 너무 낮은 기형적 구조로 되어있다. 특히 상가빌딩의 부속토지에는 주택과 일반토지보다 훨씬 가벼운 보유세가 부과되고 있어서 재벌 및 대기업과 금융기관 등이 과도한 세제상 특혜를 누리고 있다"(안철수, 『안철수의 생각』, 김영사, 2012.)고 하면서 불로소득에 대한 과세 강화 입장을 제시했었다. 이른바 진보적 태도이다.

그러나 8년이 지난 지금 2021년에는 "부동산 세금을 확 낮추겠습니다. 1주택자의 취득세와 재산세의 경우 토지공시지가와 공동주택공시가격 인상분만큼 연동해 세율을 인하하여 예전과 같은 세금을 낼 수 있도록 조정하겠습니다. 중앙정부가 올린 증세분을 지방세 세율인하로 상계하면 '세금폭탄'을 막을 수 있습니다"(부동산정책발표안, 2021. 1. 14.)라고 주장한다.

소위 보수언론들이 설정하는 '세금폭탄' 프레임을 주저하지 않고 자신의 부동산 공약에 끌어들이고 있다.

이뿐만 아니다. 2012년에는 거래 활성화에 별 도움이 되지 않고 가계부채를 더 늘릴 가능성이 크다고 지적했던 총부채상환비율(Debt to Income; DTI), 주택담보대출인정비율(Loan to Value Ratio; LTV) 등에 대해서 2021년 오늘은 '현실을 외면한 대출규제정책은 실수요 서민들을 사채시장으로 내몰고 있다. 일정 기간 무주택자에게는 규제지역이라 하더라도 DTI, LTV 등 대출 제한을 대폭 완화해 더 많은 사람에게 내 집 마련 기회를 열어드리겠다'라고 태도를 바꾸었다.

물론 태도가 바뀔 수도 있다. 그런데 그 과정에 대한 설명이 없다. 2012년 『안철수의 생각』이라는 책을 읽고 많은 국민이 지지를 보냈다. 하지만 그때 안철수와 지금 안철수는 완전히 다른 사람이 되었다. 물론 사회적 상황이 바뀜에 따라 정책이 달라질 수도 있다. 그러나 철학 자체가 달라지는 것은 해명이 필요하다.

야권단일화라는 것이 일종의 정치적 전술로서 제기되는 것이라면 논의의 여지가 전혀 없는 것은 아니다. 하지만 이렇게 정책 자체가 보수화한 상황이라면 그냥 솔직히 이제 중도에서 보수로 전향한다고 이야기하는 것이 좋다. 중도나 성찰적 진보도 지지 세력으로 끌고 가기 위해 전략적 모호성을 견지하는 전술이라면 그것은 지지자들을 속이는 것이 된다. 그런 입장을 믿고 8년을 따라다니며 인생의 모든 것을 갈아 넣은 사람들이 엄연히 존재한다. 더군다나 양당 극복을 위한 제3정치의 정체성은 없고 그때그때 대중들에게 영합할 만한 철학 없는 정책들을 뿌리는 것으로 대체하는 것으로는 국민의 지지를 확대, 유지하기 어렵다.

오로지 문재인 정권을 심판하기 위해 선거에서 이겨야 하고 그러기 위해 단일화를 해야 한다는 논리는 8년 동안의 정치 실험이 실패할 수밖에 없었던 이유를 확인해주고 있다. 선거에서 이겨 권력을 잡는다는 것은 사실은 기득권 동맹 구조의 한복판으로 들어간다는 것을 의미한다. 기득권 동맹을 혁파하기 위해서는 강력하고 구체적인 정책과 그것을 실현할 의지 그리고 그것을 담보할 혁신 주체가 반드시 전제되어야 한다. 지금 문재인 정권이 빠져 있는 수렁도 똑같은 것이다. 그나마 180석의 강력한 의석수를 가지고도 저렇게 헤매고 있다.

조직도 없고 정책도 보수와 비슷한 국민의당이 구 기득권 정치 세력들의 힘을 빌려 새로운 변화를 만들어내겠다는 것은 기회주의적 한탕주의에 불과하다. 여론이나 인지도만 믿고 하는 정치는 허망하다.

4

제3정치 세력에게
기회는 있는가?

이쯤에서 내 생각을 분명히 해두어야겠다. 한마디로 한국 현대사는 수동혁명의 역사이며 수동성과 혁명성이라는 모순된 복합적 행위들이 아직 그 생명력을 다하지 않았다는 것이다.

2021년 4월 보궐선거를 둘러싸고 민주당과 국민의힘 그리고 다 죽은 줄 알았던 안철수라는 변수가 다시 국민을 헷갈리게 하는 이유는 바로 한국 정치의 복잡성 때문이다.

이 정치 게임에 뛰어든 주자들은 자신의 정치적, 역사적 위치를 이해하기 어렵다. 이것에 대해서는 좀 더 자세히 말할 수밖에 없다. 그래야 지금 보수든 진보든 그 허위의 가면을 벗기고 진짜 정치의 모습을 드러낼 수 있기 때문이다.

첫째, 한국 정치는 수동혁명의 역사이다. 1987년 민주화 대투쟁과 7·8·9월 노동자 대투쟁으로 한국의 보수를 중심으로 하는 기득권 담합 세력들은 직선제라는 타협안을 내놓고 물러선 것처럼 보였다. 당시 민주화운동 세력들은 직선제라는 제도에 만족하면서 사회 전반의 혁신을 끝까지 밀고 가지 못했다. 오히려 분열되면서 노태우 정권을 탄생시켰다.

노태우 정권하에서 진행된 각종 정책은 일종의 대국민 유화책으로 기존 노선을 계속 고집할 경우 민중혁명이 일어날 수밖에 없다는 상황 인식에서 나온 것이다. 이것을 막기 위해 김영삼을 끌어들여 기득권 체제를 유지하려고 했으나 1997년 IMF 사태를 불러와서 최초로 야당에 정권을 넘겨줄 수밖에 없게 되었다.

결정적인 것은 DJP 연합이다. 그러나 이 연합은 사실은 보수 기득권층이 어쩔 수 없이 받아준 결과지 실제 혁명적 권력이 온전히 쟁취한 것은 아니다. 따라서 김대중, 노무현 정권이 등장했지만, 실제 그 내용은 기득권 담합 계층의 이익에 어떤 본질적 변화를 가져올 수 없었다. 오히려 기득권 담합 계층에 의존하는 사회 계층들만 잔뜩 양산해 놓았다. 이들 계층은 보수 기득권 진영의 수동혁명 결과 형성된 신기득권 계층들이다.

물론 수동혁명에도 혁명적 요소들이 있기는 하다. 이들 신기득권층도 민주화 투쟁을 통해서 역사 발전에 일정 부분 이바지했다고 스스로들 생각한다. 그런데 그들은 자신들이 이바지한 것보다 조금 더 챙겨 왔고, 지금도 더 챙기고 싶어 한다.

둘째, 비기득권층의 정치 세력화는 아직 시작도 되지 않았다. 지금 한국을 세계 10위의 발전도상에 있는 선진국으로 볼 것인가, 아니면 헬 조선으로 볼 것인가? 각자가 어디에 서 있는가에 따라 완전히 다를 것이다. 노후연금으로 월 300만 원 이상 받고 자기 집을 보유하고 해마다 1억 원 이상씩 집값이 올라가는 계층에게 한국은 아직 살만한 사회이고, 연금도 없고 집도 일자리도 없는 사람들에게는 '헬 조선'이다.

이들 비기득권층은 자신들의 이해관계를 대변할 정치 세력을 가지지 못하고 있다. 이들 역시 양당체제에서 선택의 여지가 별로 없다. 제3정당에는 아직 이들이 선택할 동기나 근거가 부족하다. 앞서 말했듯이 아직은 수동혁명이 이들에게도 통하기 때문이다. 민주당이든 국민의힘이든 약자를 대변한다고 주장하고 있고 또 기본소득 등을 둘러싼 논쟁에서 민주당이 약자들을 대변하는 듯 착각하게 만드는 선동이 아직은 먹히고 있다. 물론 단순히 선동의 효과가 아니라 대체할 제3세력이 미덥지 못하기 때문이기도 하다.

문제는 후자들을 대변할 정치 세력화는 기득권 담합 세력들에 의해 양당체제로 굳어져 있어 들어설 정치 공간이 없다는 것이다.

안철수 세력이 새정치연합추진위를 2014년에 만들 때만 해도 그 공간이 열리고 있었다. 그러나 민주당과 합당함으로써 그 싹은 애초 꽃피우기 어려운 상태로 접어들었다. 비기득권 세력들의 정치 세력화가 가장 활발했던 시기는 2012년 '안철수 현상'이 몰아칠 때였다. 그러나 그 이후는 계속되는 전략적 실수로 꺾이는 과정이었다.

그런 생각을 품은 지는 오래지만, 지금 와서 보면 한층 더 또렷해지는 것이 있다. 안철수는 그때 민주당과 합당하지 말았어야 한다는 것이다. 새정치의 깃발을 들고 새로운 인재들을 계속 영입했어야 했다. 그들을 새로운 정치이념과 정책으로 무장시키면서 선거공간을 통해 단련시켰어야 했다. 그랬다면 지금 한국 정치의 모습은 완전히 달라졌을 것이다. 제3지대는 잊을 만하면 부는 현상으로서의 바람이 아니라 당당한 시민권을 정치 세력화하는 굳건한 교두보를 확보했을 것이다. 그리고 이 땅의 비기득권층에 새로운 선택지를 제공할 수 있었을 것이다.

그러나 안철수는 보수화되어갔다. 새로운 정치이념을 발전시키는 대신 쉬운 길을 걸어갔다. 당 조직을 강화하고 키워내는 대신 조직을 죽이고 개인적 인기에 의존하는 당 운영으로 일관했다. 불행하게도 당은 선거용 '떴다방'으로 전락했다. 철학이 사라진 당에는 영혼 없는 공천갈등만 남게 되었다. 처참한 패배를 당한 민생당을 안철수는 냉정하게 버리고 다시 자신의 당을 만들었다. 그리고 역시나 똑같은 오류를 되풀이하고 있다.

그 결과 제3정치 세력은 다시 험난한 길을 걸어가야 한다. 결국, 제3정치 세력에게 가장 필요한 것은 다시는 잘못된 길로 가지 않도록 나침반부터 마련하는 것이다. 그리고 함께 갈 동지들을 모아내는 것이다. 길은 있다. 그리고 그 길이 한국의 희망을 만들어내는 유일한 길이다.

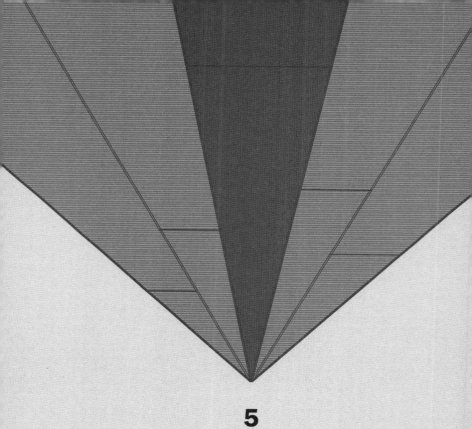

5

제3정치경제론의
핵심은 무엇인가?

한국에 희망을 제시할 새로운 길이 바로 제3정치경제론이 될 수밖에 없는 이유는 그것이 관념이 아니라 한국 현실의 가장 본질적 문제를 드러내고 대안을 제시하기 때문이다.

제3정치경제론의 핵심 요지는 무엇일까? 한마디로 '기득권 담합 구조 해체를 통한 존재 가치를 추구하는 정치경제이론'이다. 이것이 현재 한국 사회가 직면한 본질적 문제에 대한 근본적 대안이다. 여기서 우선 강조할 점은 '기득권 담합 구조'이다. 이 사회적 실체에 주목한 것이 제3정치경제론이 다른 담론과 구별되는 가장 큰 특징이다.

왜 이 기득권 담합 구조를 강조하는가? 그것은 이른바 자유시장주의나 사회적 경제를 강조하는 이론들이 항상 시간이 가면 결국 기득권화되고 그 구조가 강화되면서 사회의 분배 구조를 악화시키는 결정적 요인이 된다는 점 때문이다. 자유시장경제론이든 사회적 경제론이든 기본 이론적 토대가 신·구 기득권의 담합을 합리화하는 뿌리이기도 하다.

사실 기득권 그 자체를 절대 악으로 규정하는 것은 위험한 오류에 빠질 수 있다. 기득권이 형성되는 과정에는 매우 복잡한 사회적 요인이 있으며 사회 발전에 기여한 공로의 결과라는 요인도 무시하기는 어렵다. 문제는 공로에 따른 정당한 보상으로서의 기득권과 그것과 상관없이 형성된 기득권이 사회 발전에 저해요인으로 굳어지는 분기점을 판단하는 것이다.

그 분기점에서 기득권 구조를 대체할 새로운 사회 세력들이 권력을 이어받는 과정에 따라 나라의 흥망이 좌우된다.

박정희 정권에서 민주 정부로 바뀌는 과정은 피의 역사였다. 민주 정부에서 이명박, 박근혜 정부로 넘어가는 과정은 선거를 통한 평화적 과정이었지만 결국 촛불 혁명이라는 일종의 시민혁명으로 탄핵당하고 정권이 바뀌었다. 그러나 이런 정권의 교체 과정 중에 진정한 의미에서 기득권 구조 자체가 해체되고 새로운 비기득권 주체가 정권을 담당하게 되는 혁명적 사건이 있었던가? 만일 그런 근본적 기득권 구조 자체의 변화가 수반된 정권 교체였다면 지금과 같은 불평등은 왜 개선되지 않고 악화되는 것일까?

이 질문에 대한 답이 바로 제3정치경제론의 핵심이다. 제3정치경제론은 기득권 담합 세력들의 지속적인 수동혁명의 결과, 근본적 변화는 없이 부분적 변화만 있었을 뿐임을 강조한다. 즉 민주화 투쟁의 열매를 따 먹으며 고위 공무원, 금융 부문을 포함하는 공공부문 종사자, 상당수 대기업 상층 노동자를 포함하는 강남좌파들이 상위 2~10%의 부유한 계층에 편입되면서 나머지 하위계층과 격차가 세계 1위로 커졌다. 그 결과가 바로 세계 1위의 자살률이다.

두 번째 근본적인 문제 제기는 '존재의 가치'라는 개념이다. 나는 2008년 민주노총연구원장 시절 『즉각적이고 무조건적인 기본소득을 위하여』와, 『1등만 기억하는 더러운 세상을 뒤집어라』를 출간하면서 기본소득의 철학적 개념을 다듬은 적이 있다. 기본소득의 핵심 개념이 바로 노동의 가치를 넘어 존재의 가치를 발견하는 것이었다.

존재가치를 버리면서

노동의 개념이 비물질 노동으로 발전해야 한다는 것은 유럽 좌파들이 제기한 바 있다. 쉽게 말해 4차 산업의 발전으로 이제 노동과 여가가 점점 구별되기 어려워지고 있다. 페이스북에 자신의 소식이나 글을 올리는 행위는 일종의 여가나 취미 활동이기도 하지만 그 결과가 페이스북을 세계 일류 기업으로 성장하게 만들었다. 그러나 페이스북을 가득 채우는 개인의 노력에 대한 대가는 지급되지 않는다. 반면 유튜브는 일정한 조회 수가 넘으면 그 창조적 노력에 대한 보상을 지급한다.

이런 관점에서 노동이 가치를 창출하는 것이 아니라 사람 그 자체의 존재가 가치를 창출하는 개념으로 확장하는 것은 불가피하다. 그리고 이러한 패러다임의 설정은 뉴턴의 시공간 개념에서 아인슈타인의 시·공간 개념으로 확장하는 것과 같은 의미가 있다.

제3정치경제론에서 특히 기득권 동맹 혁파와 함께 존재가 치론을 제기하는 이유는 바로 새로운 사회 운영 원리를 제시하기 위해서이다. 현재 진보나 보수 모두 비기득권층들이 놓인 열악한 상황을 개선하는 사회복지 시스템을 마련하는 것에서 오십보백보 입장이다. 한마디로 언 발에 오줌 누기 차원이다.

자신들의 봉급은 절대로 건드리면 안 되지만 당장 생계가 막연한 영세 상인들에게 하는 지원은 포퓰리즘으로 치부하고 나라가 망할 것같이 호들갑을 떤다. 국민 세금으로 공무원 월급 올리는 것에는 돈 아까운 줄 모르면서 말이다. 결국, 기득권 동맹 세력들의 근본적인 혁신을 위해서는 사회 전체 구성원들의 인식 변화가 먼저 중요하다. 그것이 바로 노동의 가치를 넘어 존재의 가치에 대한 날카로운 각성이다.

좀 거칠게 단순화하면 자유시장경제론은 시장에서 교환되어 가격이 존재하면 가치가 존재한다는 이른바 '가격 가치설', 사회적 경제론은 노동이 없는 것은 가치가 없다는 '노동 가치설'에 기반을 두고 있다. 이런 두 이론적 토대가 어느 것이 더 타당하냐는 물음을 던지기 이전에 각각의 한계는 명확하다. 가격 가치설은 시장의 바깥에 존재하는 무수히 많은 유용한 일들(works), 페이스북이나 트위터에 글을 올리는 행위나, 상점에서 자동결제장치를 통해 소비자가 직접 결제하는 행위 등 '그림자 일(shadow work)'을 정당하게 평가하지 못한다. 정확히 말해, 평가에서 의도적으로 배제한다.

노동가치설도 시장 바깥의 유용한 일들을 배제하기는 마찬가지다. 특히 '자연(nature)'이 우리에게 제공하는 무수한 유용한 일을 배제한다. 내질러 말하면, 자연에 대한 수탈을 정당화한다.

그런 맥락에서 두 개의 이론적 토대는 단순히 신·구 기득권의 순환적 권력 교체가 아닌 근본적 변화를 추구하기 위한 패러다임의 대전환점으로서 부적절하고, 심지어 신구 기득권 담합을 합리화하는 뿌리라고 바라본다. 그래서 적어도 제3정치 세력이라면 노동의 가치가 아니라 존재의 가치를 추구해야 하는 이유도 바로 이 때문이다.

먹고살기는 힘들어지는데 우리 사회는 민주화되고 다 잘되고 있다고 하니 그 절망감을 사회적 분노로 폭발시킬 수도 없고 대변할 세력도 없으니 결국 자기 자신을 탓하다 스스로 생명을 마감할 수밖에 없다. 이런 분위기에서 탄생했던 정치적 현상이 안철수 현상이었지만 이 현상의 저변에 깔린 근본적 변화에 대한 비기득권층의 절망을 제대로 대변하지 못했기 때문에 국민에게 처절한 심판을 당하게 된 것이다.

민생당이 새롭게 환골탈태해서 국민적 신뢰를 얻기 위해서는 이 점에 대한 깊은 자각이 반드시 필요하다. 그냥 민주당 시즌2 혹은 보수 연합 또는 두루뭉술한 중도개혁 등의 개념으로는 그 근본적 패러다임의 변화 요구를 담아낼 수 없다. 물론 패러다임 변화를 촉구하는 것으로 사회 정책을 대체할 수는 없다. 반드시 새로운 패러다임은 새로운 정책으로 구체화해야 한다.

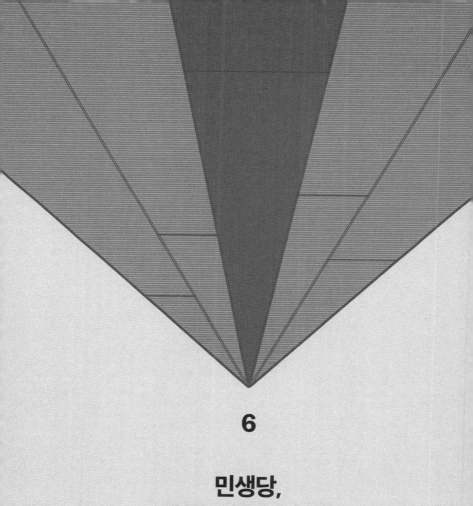

6

민생당,
세상을 바꾸는 제안

그런 점에서 제3정치경제론에서 처음 제기하는 정책의 첫 번째는 바로 기득권 담합 범죄 처벌법이다. 미국에서는 1970년에 리코법이 제정되었다. 1920년대 만들어진 금주법은 당시 마피아 세력에게 엄청난 기회를 준 규제였다. 이 법을 어기고 밀주를 판매하는 마피아 조직은 어마어마한 돈을 벌어들였고 이를 바탕으로 당시 정계를 장악하는 실질적 지배자로 등장했다. 그러나 마피아 조직은 주로 비밀 엄수를 수칙으로 하는 네크워크로 움직였기 때문에 법망을 피해갈 수 있었다. 결국, 조직 범죄 처벌법, 일명 리코법을 따로 제정해 마피아를 소탕하게 되었고 이것이 미국 사회에 나름 건강한 시장경제의 규칙을 강화하는 역할을 한 것이다.

한국 경제에도 소위 금융 마피아 · 관료 마피아 · 교육 마피아 · 원전 마피아 등 마피아라는 이름이 붙지 않은 곳을 찾아보기 힘들 정도이다. 그러나 이들의 행태가 잘 드러나지 않고 또 발각된다고 하더라도 처벌할 법적 근거가 미약해 가벼운 처벌에 그치는 경우가 많다. 엘리트 범죄에 대해 유독 한국 사회가 관대한 것은 그동안 고도성장 과정에서 불만이 포섭되어간 측면이 있다. 하지만 지금과 같은 저성장 시대에 접어들고 부동산 투기나 자산운용(펀드) 사기 등 일종의 지대추구 사회로 되면서 이들 기득권 마피아 범죄들이 사회 발전의 동력 자체를 다 갉아먹고 있다. 더구나 기득권 담합 세력들이

옵티머스는 단순 사기극이 아니다.
구 기득권과 신 기득권 모두가 자유롭지 못한 특권담합 세력의 합작품이다.
(국회 앞 기자회견, 2020년 10월 21일)

진보 혹은 보수라는 이념의 간판을 걸고 이권 담합 행위를 하는 행위가 너무 심해져서 이런 행위에 대한 강력한 처벌이 필요하게 됐다. 이것이 제3정치경제론에서 기득권 담합 범죄 처벌법을 첫 번째 정책과제로 제기하는 이유이다.

두 번째 시급한 과제로는 부동산 정책을 제기한다. 이유는 불평등 문제가 소득 격차가 아니라 자산 격차에서 더 심각하게 일어나고 있고 또 시급한 과제이기 때문이다.

사실 1987년 민주화 투쟁의 공간에서 열린 7·8·9월 노동자 대투쟁은 대대적인 임금 인상을 통해 임금 노동자들의 생활 수준을 향상시킨 것은 사실이다. 그러나 이어 나타난 부

작용으로 소득 양극화 현상, 기업들의 투자 회피 경향이 심화하면서 우리 사회가 공동으로 지향하는 가치가 산산이 조각나고 대신 그 자리에 배금 만능주의가 자리했다. 돈이란 것이 건강한 노동 윤리나 기업가 정신을 고양함으로써 생기는 것이 아니라 돈 흐름을 잘 보고 그 흐름에 올라타야 생긴다는 것도 알게 되었다. 그 흐름에 편승한 사람과 그렇지 못한 사람과의 격차는 수억 원 이상 벌어졌고 이것은 평생 벌어도 메우지 못하는 차이가 되었다. 더구나 새로 사회에 진입하는 청년은 몇십 년을 일해도 자기 부모세대가 누렸던 중산층 생활을 누리기 어렵게 됐다.

결국, 이에 대한 대안은 과도한 불로소득에 대한 과세와 공공주택공급을 통한 부동산 가격 관리이다. 그러나 이것이 어려운 이유는 부동산 가격 인상에 이해관계를 같이하는 계층들이 정부의 정책을 주도하는 건설 마피아 세력들 때문이다. 이들이 정치권과 유착되어 부동산 정책을 좌우하는 한 부동산 가격은 계속 오르게 되어 있다. 결국 부동산 문제의 근본적 해결책은 건설 마피아 세력들을 정부 정책에서 어떻게 제도적으로 배제할 수 있는가에 달려 있다.

세 번째 시급한 과제는 신기득권 계층의 해체이다.

1987년 이후 민주화 투쟁의 성과는 고위 공무원, 공공부문 임직원, 강남좌파 들이 독점하게 되었다. 권력 핵심부의 특권

〈표3〉 부동산 불로소득 현황(단위: 조원, %)

연도		2007년	2008년	2009년	2010년	2011년	2012년	2013년	2014년	2015년	2016년	2017년	2018년
실현 자본 이득 (ⓐ)	주택	147.6	157.6	166.2	164.8	162.5	153.0	141.4	129.1	113.8	118.8	127.8	135.6
	일반 건축물	85.6	91.1	87.1	89.4	91.8	84.4	74.9	63.2	64.5	66.7	72.5	76.7
	토지	42.3	43.2	44.1	44.9	46.0	47.6	47.6	48.0	48.8	49.8	49.2	51.0
임대소득(ⓑ)		128.2	136.3	144.2	154.1	163.7	169.3	175.7	184.7	194.4	206.0	222.2	239.2
부동산소득 (ⓐ+ⓑ)		408.7	428.2	441.6	453.2	464.0	454.3	439.6	425.0	421.4	441.3	471.7	502.4
부동산소득/GDP		38.7	38.8	38.3	35.8	34.8	33.0	30.8	28.6	26.9	27.0	28.8	30.7

*부동산소득=매매차익+임대소득(자가소유자의 귀속임대소득 포함)
*출처: 토지와자유연구소

76

민주화는 자살률 1위, 노인 빈곤율 1위이면서 2020년 공무원 월평균 임금은
539만 원으로, 전체 근로자 월평균 임금 349만 원(2019년)의 거의 2배인 소득 상위
10%(공무원·공공부문·대기업·금융기업 등)만의 나라로 변질됐다.
(출처: 정부청사관리본부 홈페이지)

담합 세력들은 자신들의 주위에 이들을 배치하고 이해관계
로 엮어서 방어막을 구축했다. 코로나19로 영세 자영업자들
은 죽어 나가도 공무원들의 월급은 꼬박꼬박 오른다. 한번 공
무원이 되면 평생 보장되기 때문에 수십만의 젊은 청년들이
노량진 학원에서 청춘을 보낸다. 이들을 어떻게 탓하겠는가?
사회구조가 그렇게 되어버렸는데? 그러나 이런 사회는 결국
고려가 망하고 조선이 망하듯이 망하는 사회이다. 창조적 노
동으로 가치를 창출하고 그런 시도 자체에 대해 보상하고 높
이 인정받는 사회로 전환하기 위해서는 이러한 공공부문의
보상 체계를 공정한 수준으로 조정해야 한다.

네 번째는 변화하는 사회경제 상황에서 대한민국 구성원의 '존재 가치'를 제도적으로 인정하는 일이다. 그러려면 모든 구성원이 성장과 생산성에 기여하고 있음을 제도적으로 인정하는 데서 출발해야 한다. 사실관계에 비춰볼 때, 고용 관계 형태와 관계없이 대한민국에 있는 모든 구성원의 '일거수일투족'은 데이터를 생산하고 있고, 이 데이터는 디지털 경제에 없어서는 안 되는 필수불가결한 요인이 되고 있다.

인구에 회자하는 '기본소득'의 물질적인 근거도 바로 데이터에서 찾아야 한다고 나는 바라본다. 존재 가치론의 출발점은 바로 여기다. 그 일환으로 25~64살 청장년층에게 고용 여부에 관계없이 자기계발을 위한 '생애기본소득청구권'을 보장해야 한다고 주장한다. 노동시장에 진출하는 청년기에 한 차례, 장년기에 한 차례, 노년기에 한 차례 등 적어도 세 번에 걸쳐 월 80만 원씩 1년 동안 자기계발을 위해 기본소득을 청구할 권리를 인정해야 한다.

다섯 번째 과제는 네 번째와 밀접히 연결돼 있다. 나는 존재가치 인정의 또 다른 형태로 '공화 기본 자산'을 미래세대를 대상으로 도입하는 것을 다섯 번째 과제의 하나로 꼽는다.

한국 사회에서 개인의 능력은 부모의 재력·권력과 개인의 행운(뛰어난 머리)의 합작품이거나 혹은 부모의 재력·권력 단독작품인 경우가 대부분이다. 이 부분을 완화하기 위한 사회의 의식적인 노력이 필요하다. '공화 기본 자산'은 민주공화국 시민으로서 미래세대의 실질적 기회 균등을 위한 것이다. 각 가정의 부 상황을 고려해 정부가 미래세대(만 1~18살)에 적립금을 쌓아주는 것이다. 5분위 소득배율을 기준으로 적립금은 최고 1분위(월 23만 원), 최저 5분위

부모의 재산에 따라 직업의 귀천, 존재의 귀천이 좌우되는 나라는 민주공화국이 아니다.

(4만 6천 원)로 5단계로 세분화할 수 있다. 각 가정의 부의 차이를 감안해 차등 적립하기 때문에 부모의 매칭 납입은 허용하지 않는다. 흑백 인종갈등과 인종에 따른 부의 격차가 매우 큰 미국에서는 2010년 두 명의 경제학자가 '베이비본드(Baby Bond)'라는 이름으로 비슷한 제안을 한 바 있다.

또 다른 다섯 번째 과제는, 연간 몇 명의 훈련생 배출과 같은 '영혼 없는 수치'에 물든 정부의 무사안일 속에 허우적거리는 대한민국의 직업훈련 생태계를 완전히 뜯어고치는 일이다.

앞으로 어디에 어떤 일자리가 생길지, 해당 일자리에 어떤 숙련도와 기술이 필요할지를 책상 위의 공무원은 모른다. 그

왜 '이생망'(이번 생은 망했다)이라는 말이 나오고, '공무원과 건물주가 꿈'인
세상이 됐나? 왜 모두가 자비 들여 노량진으로 가야 하나?
일자리를 찾는 모든 국민에 일자리를 찾는 법을 가르치고 새 일자리에
적합한 숙련과 훈련을 시켜주는 게 국가와 사회가 해야 할 더 중요한 일이다.
한마디로, 국가와 사회가 직업훈련과 평생학습을 위한 '노량진'을
전국에서 육성해야 한다.

런 공무원들이 '시장에 맡긴다'라는 명분으로 도입한 지금의
'민간위탁 직업훈련기관'들도 제대로 모른다. 그런 면에서 지
금의 직업훈련시장은 민간 주도를 가장한 '관제 시장'이다.
전·현직 사용자와 노동자야말로 어떤 일이 생겨날지, 어떤
숙련이 필요할지를 제대로 알 수 있다. 대한민국에 필요한 것
은 사용자와 노동자가 주도하고 국가가 실질적으로 조정 역
할을 하는 '현장형 미래지향'의 직업훈련 생태계다. 나는 대
한민국에서 가장 시급한 노사정 대타협이 필요한 지점이 바

로 여기라고 생각한다. 조정하는 책임을 지는 국가의 공무원 역시 퇴직한 사용자나 노동자가 담당해야 한다.

어느 나라나 선망하는 대학이 있기 마련이다. 하지만 대한민국은 정도가 너무 해도 너무 심각하다. 수도권-비수도권 격차와 맞물려 '인서울(in Seoul)'이냐 아니냐가 인생을 가른다. '인서울'에 좌우되지 않는 진로는 의과대학 정도가 거의 유일하다. 학생 수가 줄어도, 지방에 있는 대학은 망하더라도 서울에 있는 대학은 망하지 않는다. 이건 '교육 시장'이 작동하는 않는다는 분명한 증거다. 교육에서도 수도권과 맞물린 교육 위계서열 구조가 기득권 담합 구조로 작동하고 있는 것이다. 고등학교 의무교육 실시도 문제 해결의 실마리가 되지 못한다. 고등학교 위계서열 구조의 확고함 속에서 오히려 의무교육 제도는 공립학교와 사립학교에 차이를 두는 방식으로 이뤄지고, 이를 통해 인재의 균등배분에 기여하는 방식으로 운영되는 게 바람직하다. 그렇지 않는 한, 고등학교 의무교육도 생색내기용 들러리로 전락할 수밖에 없다. 적어도 20년의 시계를 염두에 두고 시행하는 교육개혁, 이것이 여섯 번째다.

사회 구성원으로서 사람의 존재 가치를 인정한다면, 그동안 성장과 생산성에 기여해온 자연의 존재가치도 인정하는 것이 일곱 번째 과제다. 그동안 '시장경제(market economy)'는 '자연의 일(work of nature)'을 인정하지 않았다. 특히, '기후 악당'이라고 불릴 정도로 대한민국은 그랬다. 예를 들어, 해마다 찾아오는 태풍은 사회경제에 크고 작은 물질적 피해를 입힌다. 하지만 동시에 그동안 자연 생태계에 사람이 쌓아놓은 폐해를 일거에 갈아엎고 정화하는 작용도 한다. 시장경제는 이 부분을 평가하지 않는다. 고작 있어 봐야 약간의 '환경세'(피구세)를 부과해 경제활동이 유발하는 환경오염 등의 부정적인 외부성을 억제하려고 해왔을 뿐이었다. 굳이 환경주의자가 아니라고 해도, '자연의 일'을 제도적으로 인정하는 것을 더는 늦출 수 없다.

기후변화 대응의 본질은 바로 그동안 인정하지 않은 '자연의 일'을 제도적으로 인정하는 것이다. '2050년 탄소 순배출 제로 선언' 역시 생산양식만이 아니라 소비양식 곳곳에서 '자연의 일'을 제도적으로 인정해야 한다. 누진적 탄소세 도입은 그 일부일 뿐이다. 공장형 축산의 합리적 재조정, 음식물 쓰레기 배출 50% 감축, 노후주택 단열과 난방 개선을 통한 저소득층 에너지 비용 절감 등 '자연의 일'을 제도적으로 인정하는 과제는 수두룩하게 산적해 있다. 제3정치경제론에서 '사람'이나 '인간'이라는 개념을 쓰지 않고 '존재'라는 개념을 사용하는 이유는 바로 이 때문이다. 문재인 정권의 상징적 슬로건 중의 하나가 '사람이 먼저다'라는 것이다. 그러나 이 슬로건은 결국 '돈 있는 사람이 먼저다' 혹은 '권력 있는 사람이

푸른 바다, 맑은 공기, 따스한 햇볕은 거저 얻는다는 생각은 이제
역사의 유물로 사라져야 한다.

먼저다'라는 식으로 변질되었다. 우리는 더 아래를 보아야 한다. 인간 생존의 전제조건, 그것은 바로 인간 외부에 있고, 자연이나 비물질계야말로 우리가 항상 염두에 두고 살펴야 할 존재라는 의미에서 '존재의 가치'로 확장하는 것이다.

여덟 번째 과제는 '자연의 일'의 제도적 인정에서 우선순위를 설정하는 일이다. 나라마다 차이가 있지만 한국을 포함한 OECD 국가에서 인구의 상위 10%는 국민소득의 35~65%, 과잉소비를 통해 탄소 배출의 50%를 차지한다. 부유층의 과도한 '탄소발자국(carbon footprint)'은 결국 소득 증가를 통해 발생한다. 이런 부유층의 생활양식을 바꾸는 것이 무엇보다 중요하다. 그러려면 부유층이 소득의 증가보다 자유시간의 확대를 선택하도록 인센티브를 설계해줘야 한다.

부유층의 탄소발자국 축소를 위해서는 소득 상위 10% 노동자에 대해 일정 구간 이상의 소득에 대해 한계세율을 90%까지 올리는 것이 하나의 방안이 될 수 있다. 이를 통해 이미 충분한 소득 상승의 유인을 줄이고 노동시간을 단축해 자유시간을 확대하는 쪽으로 유도하는 것이다. 일률적인 노동시간 단축만이 아니라 소득세 한계세율 인상이 적절하게 결합해야 한다는 것이다.

세금 문제가 거론됐으니 한 가지를 빼놓을 수 없다. 자산소득에 기대는 지대추구 사회의 마음가짐을 바꾸려면, 근로소득의 유인을 강화해야 한다. 그러려면 다시 한 번 강조하건대 시장형 불로소득(부동산소득과 자본이득)에 중과세하는 것은 불가피하다. '동학개미'니 뭐니 하는 말로 이 부분을 호도해서는 결코 안 된다. 동시에 소득 하위 90%의 근로소득세를 내려야 한다.

아홉 번째 과제는 우리가 알고 있는 정규직 한계를 깨는 일이다. 도대체 정규직이라는 게 뭔가? 일자리 안정성과 상대적으로 높은 임금 수준이 따르는 일자리를 말하는 게 통설이다. 하지만 정규직과 비정규직을 나누는 법적 기준은 사실상 정년의 있고 없음이 유일하다. 70살을 웃돌아 노동시장에서 은퇴하는 현실에서 정년 제도는 연공주의와 결합해 더 일하고 싶어도 못하게 하거나, 청년고용을 가로막는 이중의 걸림돌로 작용한다. 공공부문과 대기업 노동조합은 정년을 없애면 해고에 봇물이 터질 것이라고 예단한다. 하지만 정년 폐지와 해고 요건 완화는 직접 관련이 없다. 시대착오적인 정년 제도는 폐지하는 게 맞다.

게다가, 코로나19는 사회를 떠받치는 '일상의 거인들'로서 필수 노동자에 감사하는 마음의 문을 열었다. 하지만 딱 거기까지다. 필수 서비스와 이를 수행하는 '필수 노동자'에게 연공주의는 그림의 떡이다. 아무리 세월이 흘러도 정당한 보상과 평가가 뒤따르지 않는다. 국제적으로, 필수 노동자와 필수 서비스는 도관과 케이블 시설, 교통 인프라, 식량 생산, 가공과 배분, 주택, 건강 돌봄, 교육, 육아, 사회 돌봄, 치안과 비상 서비스, 공공행정, 소매금융과 지급 시스템 등을 말한다. 영국에서 이 필수 서비스 부문은 경제의 50%를 차지한다. 우리나라도 사정은 비슷하다. 필수 노동자와 필수 서비스는 한국 사회의 보상 체계를 다시 구성하길 요구한다. 연공주의를 직무주의로 바꾸고, 해당 직무가 필수 서비스에 해당하는지를 따지고, 해당할 경우 시장에서 이뤄지는 낮은 보수를 보완할 수 있는 사회적 평가와 지원이 뒤따라야 한다. 이를 '필수 서비스 사회 임금'이라고 해도 좋고, '필수 서비스 기본소득'이라고 해도 좋다.

열 번째 과제는 나 스스로 여전히 몸담고 있지만 많은 이들이 멀리해야 할 것으로 보는, 그렇지만 우리의 필수적이고

코로나19 대유행이 새롭게 깨운
'일상의 거인들'에 대한 고마움은
시스템으로 제도화해야 한다

본질적인 일부를 이루는 정치를 바꾸는 일이다.

대한민국 권력 구조는 독재정권 때와 달라진 게 거의 없다. 1987년 민주화 투쟁은 체육관 선거에서 어용 간선으로 대통령을 뽑던 것을 '대통령 직선제'로 바꿨을 뿐이다. 체육관 선거 때나 지금이나 제왕적 대통령은 견제와 균형을 받지 않는다. 임기가 끝난 뒤 감옥에 가는 불행한 역사는 지금까지 되풀이된다. 왕조 국가 신문고도 아니고 대한민국의 모든 민원이 청와대 홈페이지로 간다. '통합의 정치'를 할 생각은 눈곱만큼도 없으면서 이명박을 사면할지, 박근혜를 사면할지를 두고 장난을 친다. 대명천지 법치주의 국가에서 치죄를 둘러싼 송사가 진행되고 있는데 '정치'라는 이름으로 이런 주장이 버젓이 횡행한다. 거의 조선 후기 망국적인 사색당파의 '예송 논쟁' 수준이다. 적어도 그때는 이런 정치 행위가 목숨을 내건 일이었다. '아니면 말고' 식의 꼬리를 감추는 문제가 아니었다. 그러니 정치가 비웃음을 받는다.

제왕적 대통령제를 생존시키는 일등공신은
바로 군사독재 정권이 입맛에 맞게 특권과 보수를 부여한 국회 그 자체다

　반드시 '제왕적 대통령제'를 바꿔야 한다. 총리 중심의 의원내각제를 도입해야 한다. 문제는 제왕적 대통령제의 생명을 연장하는 '일등공신'이 바로 국회라는 점이다. 국회에 대한 국민의 불신은 상상을 초월한다. 충분히 이해할 수 있는 정당한 불신이다. 국회의원을 일컬어 4년 비정규직이라고 하지만, 꿀단지에는 꿀이 가득하다. 4년 비정규직 하면서 빨아먹으면 본전 뽑고도 남는다. 그래서 의원내각제의 전제조건으로 국회 개혁을 꼽지 않을 수가 없다. 불신의 뿌리는, 독재정권의 유산이 고스란히 남아 있는 지금의 국회 구조에서 찾을 수 있다.

　독재정권이 국회를 '구워삶기' 위해 마련한 국회의원의 과도한 특권과 보수는 지금도 그대로다. 국회의원 보좌진 규모는 세계 최고 수준이다. 국회의원 세비도 세계 최고 수준이다. 국회 예산 책정에서는 여야가 따로 없다. 자기들끼리 결정하면 그만이다. 국회 예산결산특별위원회가 상임위원회가 되지 않은 것도 독재정권의 유산이다. 입만 열면 국민 세금이 소중하다고 너스레를 떨지만, 예산 법률주의는 도입되지 않았다. 그러니 현실은 행정부 관료들이 마음대로 주무르는 '쌈짓돈'이다. 이 과정에서 행정부 관료들은 국회의원들의 지역구에 떡 주듯이 예산을 배정하는 거래를 통해 이득을 챙겨준다. 이것이 독재정권의 유산이 지금까지 고스란히 살아 남아온 메커니즘이다. 이걸 바꾸고 다당제 정당정치를 활성화하는 중선거구제로 선거제도를 전환하고 대통령 결선투표제를 도입해야 한다.

그렇지 않으면 새로운 제7민주공화국은 오지 않는다. 민주정치 시스템에 대한 국민의 불신은 계속 높아져 왔다. 1981년 스웨덴에서 설립된 전 세계 사회과학자들의 학술네트워크인 비영리기구 '세계 가치관 조사'가 5년마다 100여 개국을 대상으로 실시하는 조사에서 '민주정치 시스템을 가지고 있느냐?'는 물음에 부정적인 응답을 한 비중은 1994~1998년 16%에서 2017~2020년 30%로 거의 두 배 증가했다. 무엇을 말하는가? 보이지 않는 밑바닥에서 민주정치의 기반이 시나브로 무너지

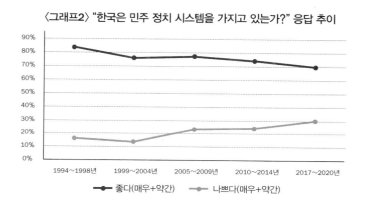

〈그래프2〉 "한국은 민주 정치 시스템을 가지고 있는가?" 응답 추이

━●━ 좋다(매우+약간)　　━●━ 나쁘다(매우+약간)

*출처: 세계가치관조사(World Value Survey)에서 재정리

고 있다는 얘기가 아닌지 불안하다.

　새로운 제7민주공화국에서 극단적 진영 정치로부터 풀뿌리 자치를 해방하는 것도 빼놓을 수 없는 과제다. 기초단체의원선거에서 정당공천을 배제하는 것을 통해서다. 사법부독립성 강화를 위해 대법원장과 각급 법원장을 선출하는 데선거제를 도입하는 것도 불가피한 개혁이다.

〈표4〉 당신 나라의 통치방식이 '민주정치 시스템'을 가지고 있는가'라는 물음에 대해 어떻게 말할 수 있는가?

	1994~1998년		1999~2004년		2005~2009년		2010~2014년		2017~2020년	
매우 좋다	45%	84%	21%	76%	22%	77%	19%	74%	18%	70%
약간 좋다	39%		55%		55%		55%		52%	
약간 나쁘다	12%	16%	10%	13%	17%	23%	18%	24%	25%	30%
매우 나쁘다	4%		3%		6%		6%		5%	
무응답	0%		–		–		1%		–	
모르겠다	1%		11%		–		–		–	
표본 수(명)	1,249		1,200		1,200		1,200		1,245	

*출처 : 세계가치관조사(World Value Survey), http://www.worldvaluessurvey.org/WVSOnline.jsp

90

가짜 정치에 맞서는 진짜 정치를 위해

어렸을 때 하늘에 뜬 무지개가 바로 뒷동네 야트막한 산에 걸렸었다. 친구들과 함께 무지개를 찾아 열심히 뛰어가자고 '선동'했던 기억이 난다. 우르르 뛰어갔지만 결국 실패하고 말았다. 지금 와서 생각해보니 무지개란 내 눈과 뇌의 상호작용으로 만들어진 빛의 굴절이었다. 달려가서 잡을 필요가 없는 내 안에 있는 존재였다. 무지개는 내 안에 그리고 외부에 같이 있었다.

기득권 동맹의 속성도 마찬가지다. 인간사회에서 이런 기득권 동맹이 생겨나는 것은 어쩌면 자연법칙처럼 불가피하다. 문제는 이 존재 자체를 없는 것처럼 만드는 것이다. 이 기득권 동맹이 어떤 때는 재벌 카르텔로, 어떤 때는 언론 카르텔로, 금융 모피아나 관료 모피아로 마치 연기처럼 다양한 형태로 존재하지만, 국민의 심판도 시장의 심판도 받지 않는 존재로 점점 커지고 있다. 이들이 한국 사회의 보이지 않는 실제적 지배계층이라는 것을 이제 분명히 해야 할 때가 왔다. 이것이 제3정치경제론에서 이야기하고자 하는 핵심적 내용 중 하나이다.

그러나 한 가지 더 정말 중요한 것이 있다. 바로 '존재의 가치'에 대한 새로운 사고이다. 이것이 중요한 이유는 기득권 담합 세력만 분쇄한다고 문제가 해결되는 것이 아니기 때문이다. 물론 반문 전선으로 야권단일화를 주장하는 것보다는 더 올바른 방향일 테지만, 비기득권 세력들이 집권한다고 세상이 잘 돌아가리라고 생각하지는 않을 것이다. 비기득권 세력이 집권하는 것은 기득권의 권력을 대체하는 차원이 아니라 '돈'을 중심으로 하는 가치에서 '인간 그 자체의 존재'를 목적으로 하는 사회를 만들고자 하는 것이다.

앞서 강조했다시피, '인간의 가치' 혹은 '사람의 가치'라는 말을 쓰지 않고 '존재의 가치'라는 말을 사용하는 이유는, 바로 사람에게만 주목해온 것이 근대문명의 한계였기 때문이다. 자연에 대해 건방진 태도로 대하고 그 결과 자연의 복수를 당하는 것이 현재의 기후위기와 코로나로 인한 문제이다. 인간의 생존 조건을 포함하는 생각을 해야 결국 사람도 소중하게 생각하게 된다. '사람이 먼저다!'는 문재인의 슬로건은 그래서 결국 '돈 있는 사람이 먼저다!'라는 것으로 변질될 운명이었다.

어쩌면 한국 사회가 이만큼 발전해온 것은 역설적으로 기득권 동맹 세력들이 나름대로 잘해온 덕분일지도 모른다. 그러나 그것은 혁명이 일어날 것을 알고 미리 수동혁명을 일으켜 기득권 동맹의 결정적 이해관계에 피해가 가지 않도록 잘 관리해온 것이다.

그러나 이제 구 기득권과 신 기득권들이 주연으로 활동하는 연극은 끝낼 때가 되었는데 막은 내리지 않고 여전히 지루한 막장 드라마가 이어지고 있다. 이것은 전적으로 제3정치 세력의 무능과 역량 부족 때문이다.

이제 한국 정치 대본을 써야 한다. 보수와 진보의 정치 퇴물들을 뒤로 물리고 진짜 악당인 기득권 담합 세력과 이와 싸우는 제3지대 정치신인들의 전투를 주제로 한 드라마가 무대에 올라가야 한다.

제3정치경제론을 쓴 이유는 바로 이 때문이다. '안철수 현상'에서 시작한 제3정치 세력이 국민의당으로부터 해서 지금 민생당에 이르기까지 자칫하면 사라질 존망의 갈림길에 처해 있다. 이것을 되살려야 할 이유는 바로 기득권 담합 세력에 대항할 유일한 정치적 세력이기 때문이다. 그리고 더 중요한 이유는 안철수 국민의당 대표가 이 제3정치 세력의 문을 스스로 닫으려고 하기 때문이다.

안철수 대표는 문재인 정권을 심판해서 이 정권이 더는 집권을 연장하면 안 되기 때문에 보수와 단일화해야 한다고 주장한다. 그러나 이 주장은 결국 기득권 동맹 세력에게 면죄부를 주어 제3정치의 싹을 뭉개는 결과를 초래한다. 진즉에 끝내야 할 막장 드라마에 안철수 대표가 카메오로 출연해서 이 지루한 드라마에 마치 좀 더 지켜봐야 할 흥행 요소가 생긴 것처럼 만들고 있는 것이다.

안철수 대표는 '무도한 정권의 심장에 비수를 꽂겠다'라고 한다. 칼은 함부로 쓰는 것이 아니다. 꽂아야 할 대상은 기득권 동맹의 심장이다. 지금 안철수 대표는 자신의 유일한 자산이었던 제3정치 세력의 심장에 비수를 꽂고 있는 것이다.

내 나이 올해로 환갑이다. 환갑 이후까지 '주역'의 해석을 연장하려는 시도가 있다고는 하지만, 정통 '주역'으로 치면 육십갑자를 한 순배 돈 것이니 앞으로 사주팔자를 따지는 게 그다지 의미가 없다. 솔직히 이렇게 오래 살 줄도 몰랐다. 20대에 감옥에서 모진 고문을 겪고 죽음보다 깊은 고통을 겪고 난 후 나는 살아야 하는 이유를 찾아야 했다. 이제야 좀 선명해진다. 그것은 최소한 '폭력 없는 세상'이었다.

이 세상은 무형, 유형의 폭력으로 충만하다. 보이는 폭력은 대처할 수가 있고 가해자를 감옥에 보낼 수도 있다. 그러나 보이지 않는 폭력 앞에서는 속수무책일 수밖에 없다. 더구나 그 가해자가 점잖고 세련된 태도에 그럴듯한 사회적 지위를 갖고 있다면 더 위험하다. 젊었을 때는 그 폭력이 국가에 의해 자행된다고 생각했다. 그러나 알면 알수록 그 폭력의 주체는 다양한 가면을 쓰고 나타났다.

얼마 전 가습기 피해자 관련 재판이 있었다. 피해자는 있지만, 가해자는 없다는 법원의 판결이 내려지는 것은 한국 사회의 가치가 바로 세워지지 않았기 때문이다.

그래서 이 제3정치경제론을 만들어서 숨어 있는 폭력의 주체를 고발하는 것이다. 김종인 대표가 말한 '약자와 동행'이라는 슬로건에 대해 날 선 비판을 하는 이유이다. 안철수 대표의 야권단일화론의 허구성을 비판하는 이유이다.

전두환 군사정권에서 이제 민주 정부로 바뀌었다고? 천만에. 민주와 자유는 아직 오지 않았다. 오히려 무너지는 중이다. 바로 기득권 담합 세력에 의해. 거대 양당 정치 세력은 그들과 공생하고 있다. 이런 정치는 가짜이다. 지금 한국의 위기는 바로 가짜 정치가 진짜 정치처럼 행세하는 것이 원인이다.

이제 제3정치경제론을 이 땅의 모든 피해자에게 제출한다. 기득권 동맹의 심장을 겨눌 비수가 되기를 기원하면서 고단한 국민을 위한 깃발을 세운다. 이것은 진정한 민주와 자유를 위한 숙명일 뿐이다.

먼 길에 풀리지 않을 정도로 신발 끈을 단단히 조여야 한다. 함께 걸어갈 사람들은 같이 어깨를 걸고 나가자. 더 좋은 세상을 위하여……

이수봉 민생당 비상대책위원장

> "한국 현실 대단히 위기 상황…기득권 동맹 세력들에 포섭돼"
>
> "민주주의-자유 말살 세력은 '기득권 동맹 세력'"

인터뷰어 문일석 브레이크뉴스 발행인 · 시인

이수봉 민생당 비대위원장은 25일 브레이크뉴스와 가진 단독 인터뷰에서 "지금 보궐 선거 구도는 대단히 잘못되었다. 우선 분명히 말씀드리면 나는 문재인 정권에 대한 심판이라는 것에 동의하는 쪽이다. 그러나 문제는 '누가 심판하는가?' 이다. 문재인 정권이 많은 실수를 하고 있으며, 해야 할 일을 못 하고 있다는 것에 분노한다. 그러나 지금 우리 정치가 직면한 문제는 누가 심판할 자격이 있는가 하는 문제이다. 신(新) 적폐, 신(新) 기득권이 되어버린 현 정권을 구(舊) 적폐 · 구(舊) 기득권 세력이 심판할 자격이 있는가? 그리고 그 구(舊) 기득권 세력이 지방 권력을 차지했을 때 과연 문제가 해결될 것인가?"라고 묻고 "지금 선거판에서는 여야가 바뀌더라도 달라지는 것은 없다. 결과가 보이기 때문에 게임체인저가 필요하다고 주장하는 것"이라고 강조했다.

이어 "제3정치경제론은 간단히 말해 '기득권 담합 세력 청산과 존재가치 구현'이라는 말로 요약할 수 있다. 지금 한국의 정치판은 대단히 왜곡되어 있다. 마치 보수와 진보가 싸우고 있는 것처럼 보인다. 그러나 이것은 허구이고 실제 싸움은 기득권 동맹 세력과 힘없는 국민 간의 대립이 본질이다. 현재 정치판은 이 본질적 대립을 반영하고 있지 못할 뿐 아니라 왜곡하고 있다. 이게 민생당이 존재하는 이유"라고 지적하면서 "시장경제를 파괴하는 세력은 진보나 노조가 아니다. 바로 '기득권 동맹 세력'이다. 이들이 부동산 불로소득을 다 가져가고 알짜 기업들은 금융 마피아 조직의 비호하에 기업사냥꾼을 시켜 말아먹는다. 시장경제가 발전할 수가 없다. 민주주의와 자유를 말살하는 세력이 보수가 아니다. 바로 '기득권 동맹 세력'"이라고 피력했다. 다음은 일문일답이다.

Q. 지난 기자회견에서 오는 4 · 7보궐 선거(서울시장-부산시장)가 반(反) 문재인이 아니라 반(反) 기득권 선거가 되어야 한다고 했는데 그게 신선한 화제가 되었다. 정확히 어떤 의미인가?

지금 보궐선거 구도는 대단히 잘못되었다. 우선 분명히 말씀드리면 나는 문재인 정권에 대한 심판이라는 것에 동의하는 쪽이다. 그러나 문제는 '누가 심판하는가?'이다. 문재인 정권이 많은 실수를 하고 있으며, 해야 할 일을 못 하고 있다는 것에 분노한다. 그러나 지금 우리 정치가 직면한 문제는 누가 심판할 자격이 있는가 하는 문제이다. 신(新) 적폐, 신(新) 기득권이 되어버린 현 정권을 구(舊) 적폐 · 구(舊) 기득권 세력이 심판할 자격이 있는가? 그리고 그 구 기득권세력이 지방권력을 차지했을 때 과연 문제가 해결될 것인가?

　지금 선거판에서는 여야가 바뀌더라도 달라지는 것은 없다. 결과가 보이기 때문에 게임체인저가 필요하다고 주장하는 것이다.

Q. 지금 현재 여야가 바뀐다고 하더라도 달라지는 것은 없다고 했는데 어떤 결과를 예상하는가?

예를 들어서 부동산 정책 하나만 두고도 소위 민주당과 국민의힘. 혹은 국민의당 안철수 대표가 내거는 공약에 어떤 근본적 대책이나 철학이 있나? 최근 더불어민주당 우상호 후보 공약을 보니 공공주택을 많이 짓겠다고 하더라. 야권은 민간 주도 공급이라는 차이는 있지만, 본질에서 공급 우선 정책이다. 국민의힘은 용적률과 안전진단 기준을 손보고 분양가 상한제를 폐지하겠다고 당 차원에서 공약했다. 국민의당 안철수 대표는 국철·전철을 지하화하고 공공기관 이전부지 등을 활용해 5년간 주택 74만 6천 가구를 공급하겠다고 공약했다. 미안하지만 다 공허한 소리들이다. 이런 공약들은 사실 점점 부동산 투기 세력의 밑밥을 깔아주는 결과를 초래한다.

지금 이 사람들이 부동산 문제의 본질을 파악하지 못하고 있다. 땅값의 상승 여부는 도시개발계획과 직접적 연관이 있다. 개발계획의 주체는 정부이며 그 정보를 공유하는 카르텔이 형성되었다. 재벌이 개발정보를 얻어 땅을 사고 그 대가로 권력자에게 비자금을 주는 담합 관계가 형성되면서 한국 부동산 신화의 역사가 만들어지는 거다. 여기에 일반 중산층이 가세하면서 한마디로 부동산 약탈 체제가 한국의 지배적인 경제구조의 한 틀을 형성했다. 지난 51년간 땅값 상승분 6702조 원 중 상위 10%가 5546조(82.8%)를 가져갔다. 같은 기간 임금소득의 몇십배가 넘는다. 한마디로 진보 정치 세력도 헛발질한 거다. 임금 좀 올리면 뭐하나?

재벌과 건설자본 정부 고위 관료들이 결탁해서 막대한 부동산 불로소득을 챙기면 열심히 일한 국민은 뭐가 되는가? 바보가 되는 것이다. 이것이 시장경제라고? 아니 이것은 기득권 담합 세력이 국가 정책정보를 공유해서 만들어낸 수탈경제이다.

이런 상황에서 안철수 후보나 국민의힘처럼 공급확대 정책만 한다면 어떻게 되겠나? 바로 암 환자에게 암 수술은 안 하고 영양제만 잔뜩 먹이자는 주장에 불과하다. 부동산 투기 세력만 배를 불리게 만드는 것이다. 민주당은 좀 더 나은가? 더 문제다. 정책은 마치 서민을 위하는 척하면서 결국 뒤로 기득권 세력 편들어주는 정책으로 바뀐다. 역대 정권의 성적표를 보면 민주당이 집권했을 때 부동산 가격이 더 올랐다. 위선도 이런 위선이 없다.

결국, 민생당의 부동산 정책은 건설 마피아와 결탁한 정부 고위 관료들의 정보 장사 행위를 엄벌하고 이들의 부당한 수익을 환수하는 것이다. 말하자면 암 덩어리를 먼저 제거하는 것이다. 그런 다음에라야 다른 정책들이 효과를 볼 수 있다.

이 문제를 말하지 않는 것은 비겁하거나 아니면 그들과 한패이다. 아니면 바보거나…….

나는 정말 분노가 치민다. 우리 국민은 거대한 부동산 투기 세력에게 속아왔고 부동산 약탈 행위의 피해자다. 그런데 피해자가 너무 얌전하다. 착한 국민이 나라 망친다. 그런데 이런 문제를 지금 정치권에서는 제기하는 당이 없다. 그래서 지금 보궐선거를 둘러싼 정치판은 어떤 근본적 변화를 기대할 수 없는 판이라고 하는 거다.

Q. "이낙연 더불어민주당 대표의 박근혜 사면론에 대해 가해자가 사면을 요구하는 게 맞냐?"고 지적했는데 그 의미는?

용서는 가해자가 하는 게 아니라 피해자가 하는 것이다. 이낙연 대표는 현재 가해자라는 의혹에서 벗어나지 못한다. 이낙연 대표의 동생 A씨가 삼부토건 대표로 임명되는 시기 주가가 거의 20배가량 올랐다. 이건 주식 전문가들이 볼 때 문제의 소지가 있다고 한다. 누가 봐도 이낙연 대표 친동생이 대표가 되는 기업이면 이것은 이낙연 테마주로 묶인다. 그리고 핵심 문제는 삼부토건의 실질적 대주주가 동양물산이라는 것이다. (언론에 이런 사실이 공개되자 동양은 삼부의 주식을 다 팔아

버렸다. 관계를 단절한 셈이다) 동양물산은 벽산그룹 2세인 김희용 회장 일가 소유 회사이고 김 회장은 박정희 전 대통령 조카사위이며 그 부인은 김종필 전 총재의 처제로 박근혜 사면을 주장하는 사람이다.

옵티머스의 비자금 창구로 알려진 트러스트올에서 복사기 임대료가 이낙연 선거사무실로 흘러갔는데 그 담당 실무자가 조사 중 자살했다. 그 이후로 수사는 중단 상태다. 이 일련의 사건들이 다 연결되어 있다는 의혹이 있다. 만일 이런 의혹이 사실이라면 그것은 하나의 이권 집단화된 것이다. 구 적폐 세력과 신 적폐 세력이 하나의 이해관계로 뭉쳐져 있고 이것은 역사적으로 정치적으로 가해자 집단으로 봐야 한다. 그런 점에서 역사의 피해자가 해야 할 사면을 이낙연 대표가 주장하는 것은 이상하다. 물론 민주당 대표로서는 할 수 있는 이야기지만 이런 특수 관계가 드러나고 있는 상황에서는 적절치 않다고 지적한 것이다. 원래 배나무 밑에서 갓끈 고쳐 쓰지 말라고 하지 않았나? 그래서 문 대통령도 적절치 않다고 지적한 것으로 안다.

Q. 윤석열 검찰총장에 대해서도 사건 축소하지 말라고 했는데?

나는 윤석열 검찰총장의 행태에 대해 의구심을 품고 있다. 최근 열린공감TV라는 매체에서 여러 의혹이 제기되고 있다. 우선 확인된 사실만 보면 전파진흥원이 수사 의뢰를 했음에도 그냥 무혐의 처분을 해버렸다. 전파진흥원에서 조사해달라고 했고 너무나 명백히 불법행위로 의심될 만한 증거가 있는데도 축소해 버렸다. 게다가 청와대 비서관이 연루된 해덕파워웨이 무자본 인수·합병(M&A)사건도 최소한의 인물만 기소했다. 이때 제대로 조사했으면 5천억에 달하는 피해는 막을 수 있었다. 그 돈이 다 누구 돈인가? 일반 서민들의 피땀 아닌가? 그 책임자가 윤석열 검찰총장이다. 윤 검찰총장도 마찬가지로 '기득권 카르텔에서 벗어나지 못하지 않는가?'라는 합리적 의심을 안 할 수 없다.

Q. 문재인 정권을 올바로 심판하기 위해서는 민생당의 제3정치경제론이 필요하다고 주장했는데, 제3정치경제론은 한마디로 어떤 주장인가?

제3정치경제론은 간단히 말해 '기득권 담합 세력 청산과 존재가치 구현'이라는 말로 요약할 수 있다. 지금 한국의 정치판은 대단히 왜곡되어 있다. 마치 보수와 진보가 싸우고 있는 것처럼 보인다. 그러나 이것은 허구이고 실제 싸움은 기득권 동맹 세력과 힘없는 국민 간의 대립이 본질이다. 현재 정치판은 이 본질적 대립을 반영하고 있지 못할 뿐 아니라 왜곡하고 있다. 이게 민생당이 존재하는 이유이다.

시장경제를 파괴하는 세력은 진보나 노조가 아니다. 바로 '기득권 동맹 세력'이다. 이들이 부동산 불로소득을 다 가져가고 알짜 기업들은 금융 마피아 조직의 비호하에 기업사냥꾼을 시켜 말아먹는다. 시장경제가 발전할 수가 없다. 민주주의와 자유를 말살하는 세력이 보수가 아니다. 바로 '기득권 동맹 세력'이다. 돈 없이 무슨 자유나 민주가 가능한가? 이들이 국민이 만든 부(富)를 빨아먹고 있는 구조적 문제를 정치권은 모른 척한다. 이들은 심판받지 않는 권력이 되기를 희망해왔고 어느 정도 성공했다.

지금 한국의 현실은 대단히 위기 상황이다. 우리 사회를 움

직이는 힘센 조직들, 말하자면 공무원 조직들이나 거대 정치 조직들이 이들 '기득권 동맹 세력'에게 포섭되어 있다. 구체적으로 정치 자금을 통해 이들이 관리되고 있다. 단적인 예로 옵티머스 비리 사건을 예로 들었는데 이 사건을 단순히 권력형 비리나 금융 사기로 보면 안 된다. 한국 경제의 축소판이다.

단순히 부패 사건이라면 썩은 부분만 골라 처벌하면 된다. 그러나 이런 부패 구조가 국가권력의 핵심을 장악하고 있으며 건강한 공무원들을 오히려 배제하는 보이지 않는 구조가 만들어지고 있다. 그래서 이문옥 감사관 같은 사람이 내부 고발자가 되었다. 정부 관료 조직 자체가 거대한 '기득권 동맹'의 하청업자가 되어가고 있다. 이런 상태에서는 개혁은 불가능하다. 그러나 지금 정치권은 개혁할 수 있다고 사기를 치고 있다. 어림없는 소리다.

내가 제3정치경제론을 만든 이유는 국민에게 이들 기득권 권력자의 사기 행위를 폭로하고 더는 속지 않도록 하려고 만든 것이다. 일종의 국민을 위한 실전 무술 교범이다.

Q. 문재인 정권 심판론이 나쁜 구호라고 하는 이유는?

진짜 심판해야 할 대상을 헷갈리게 하기 때문이다. 지금 한국 정치의 핵심 과제는 '기득권 동맹 세력'을 혁파하는 것이다. 문 정권 심판도 필요하다. 그러나 그 방법이 잘못되었다. 국민의당 안철수 후보가 야권 단일화를 하자고 하는 것은 신기득권 세력을 구 기득권 세력으로 심판하자는 것인데 이것은 여우 몰아내고 하이에나 들이자는 이야기에 불과하다. 이런 식으로는 백날 가도 나라가 바뀌지 않을 것이다.

사실 문재인 정권도 개혁하고 싶을 것이다. 그러나 개혁을 가로막는 '기득권 동맹 세력'들, 거대한 관료 조직들의 저항에 대해 이를 극복할 실력도 의지도 보이지 못하고 있다. 그런 점에서 문재인 정권을 비판하는 것은 맞지만, 지금 김종인 국민의힘 대표나 국민의당 안철수 대표의 경우, 비판의 지점을 보면 개혁을 해야 할 목표를 이야기하는 것이 아니라 우리가 거쳐 왔던 지점을 이야기하는 경우가 많다.

부동산 정책만 하더라도 결국 건설 토건족의 이해관계나 불로소득에 대한 감세를 주장하면서 이들에게 아부하는 경향이 있다. 이들이 문재인 정권을 비판하니까 이들을 자기 지지 세력으로 끌어들이기 위해 그런 건데 이런 얍삽한 태도로는 시대정신을 담보할 수 없다. 한마디로 엉터리 정치판에 갇이 뒹구는 모습을 보여주는데 이건 역사를 뒤로 돌리는 행위이다. 어렵더라도 끝까지 가치를 추구하는 정치를 해야 한다. 그런데 이건 뛰어난 인물이 할 수 있는 게 아니다. 가치로 무장한 정치 세력만이 가능한 일이다. 그동안 유명 인물을 이용하는 일종의 셀럽 정치가 제3지대 정치를 망친 원인이기도 하다. 그래서 민생당은 '기득권 담합 세력 심판하자!'고 주장하는 것이고 이것을 제3정치경제론으로 심화시킨 것이다.

Q. 그게 맞는다고 해도 현실적으로 힘이 많이 부족하다. 원외 정당으로서 이 문제를 어떻게 해결할 것인가?

솔직히 잘 모르겠다. 다만 해야 할 말을 할 뿐이다. 국민께서 도와주셔야 한다. 착한 국민이 나라를 망친다. 지금은 분노해야 할 때이고 우리 국민은 그럴 자격이 있다. 그 분노를 지금 제가 국민을 대표해서 말하고 있을 뿐이다.

내가 1981년 전두환 군사 독재정권을 향해 화염병을 던졌을 때 이길 방법을 알고 던진 것이 아니다. 질 수도 있고 죽을 수도 있지만 단지 그것이 옳은 것이었기 때문에 던진 것이다.

지금도 마찬가지다. 지금 한국을 망치는 것은 바로 '기득권 담합 세력'이다. 나는 이들을 다시 국민 앞에 고발하는 것이다. 화염병을 던질 필요는 없다. 단지 민생당을 지지하면 '기득권 동맹 세력'을 심판하는 효과가 생기는 사회를 만든 것은 정말 역사의 발전이라 생각한다.

자크 랑시에르가 말한 대로 진짜 정치는 몫이 없는 자들이 정치 외부에서 정치 내부를 향해 자신의 몫을 요구하는 것이다. 이것은 정치 내부에 있는, 달리 말해 기득권 담합구조 안에 있는 이들에게는 불편하다. 지금 한국에는 진짜 정치는 없다. 가짜 정치만 있을 뿐이다. 그래서 민생당이 진짜 정치를 하겠다는 것이다.

내가 민주노총 연구원장 시절 기본소득 운동을 제기할 때부터, 그리고 2014년 안철수 국민의당 대표와 함께 새정치추진위를 만들 때부터 줄기차게 말해온 것은 기존의 여야 위선적 대립 구도를 넘어서야 한다는 것이었다. 이것이 기존 정치권에서는 대단히 불편했을 것이다. 그러나 그 불편한 시선을 감수하고 가야 하는 것이 제3정치의 숙명이다. 대표가 잘못한 점이 이거다. 가치보다는 선거 공학적 관점이 더 먼저 작용했다. 대단히 현실적인 사람이니 내가 하는 말이 공허하게 들렸을 것이다. 그래서 바른정당과 합당할 당시 나는 사실상 정치노선으로는 결별 상태였다. 결국, 민생당이 살아나는 문제는 국민들께서 답을 갖고 있다고 생각한다. 다만 나는 내가 할 말을 눈치 보지 않고 당당히 하겠다.

Q. 오는 4 · 7 보궐선거에서 어떻게 새로운 정치판을 만들 생각인가?

사실 지난번 총선에서 판을 바꾸려고 했다. 나는 안철수 대표가 독일에서 귀국하기 전 손학규, 안철수, 김종인 연대 구조를 만들어 제3지대 재창당을 제안했다. 제3지대 정치를 유의미하게 만들 현실적 카드는 그것밖에 없다고 봤다. 김종인 대표와도 깊이 상의했었다. 그러나 결국 성사시켜내지 못했고 안철수는 탈당했고 민생당은 총선에서 참패를 했다. 그 후과로 지금 민생당은 힘든 시기를 지내고 있다. 그러나 여전히 한국 정치에서 위선적 보수—진보 대결 구도는 청산되어야 하고 새로운 제3지대 정치 세력이 한국의 미래를 끌고 갈 수밖에 없다는 인식이 점점 커지고 있는 것도 엄연한 현실이다.

문제는 이 열망을 담보할 정치 세력의 부재이다. 안철수 대표는 불안하고 민생당은 원외 정당이라는 한계가 있다. 다른 제3지대 정당들 역시 아직 역부족인 것도 사실이다. 그래서 내가 제안한 것이 '제3지대 연석회의'이다. 힘이 약할 때는 서로 뭉쳐야 한다. 그러나 그냥 뭉치는 것이 아니고 가치연대가 우선되어야 한다. 연대할 때 가치가 분명해야 연대도 잘 된다. 그래서 제3정치경제론으로 당의 가치를 분명히 한 것이다. 물론 동의되는 부분도 있고 아닌 부분도 있을 것이다. 동

110

의되는 부분들을 중심으로 연대하면 된다.

나는 정치가 하루아침에 바뀌리라 생각하지 않는다. 내일이 될지 10년 후가 될지 모른다. 그러나 정치할 때 중요한 것은 가치를 바로 세우고 가치를 배신하지 않는 것이다. 민생당은 국민을 위한 진짜 정치를 한다는 가치를 절대 버리지 않을 것이다.

나는 우선 제3지대 연합 후보를 만들고 시장선거를 3파전 구도로 만들어야 한다고 본다. 야권 단일화로 2자 구도를 주장하는 것은 오로지 권력 장악을 위한 조급증이다. 다당제가 필요하고 그것을 양당제로 환원하는 유혹에 저항할 수 있어야 한다.

만일 안철수 대표가 야당 단일화를 명분으로 보수 야합으로 간다면 그때부터 안철수 대표는 최종적인 배신자가 될 것이다. 민생당은 마지막까지 정치게임의 판을 바꾸는 역할을 할 것이다. 만일 통합후보를 만들어 낼 수 없다면 민생당 독자적으로 완주해야 한다. 그것이 한국 정치 발전에 도움이 된다. 민생당의 입에 쓸지는 몰라도 한국 경제에 이로운 보약이 될 것이다.

*출처: 2021년 1월 25일 브레이크뉴스
https://www.breaknews.com/782136